薩摩、長州の倒幕資金のひみつ

お金で読み解く明治維新

元国税調査官
大村大次郎

ビジネス社

はじめに

ニセ金がつくった明治維新

明治維新というと、「尊王派の中心だった薩摩藩と長州藩が倒幕運動を展開し、明治新政府をつくった」など、政治思想の面で語られることが多い。

「明治維新」の顚末を読み解くとき、経済面で語られることはあまりない。

しかし、「幕末の動乱」や「明治維新」は、実は経済が大きく影響を及ぼしているのである。もちろん、それは、明治維新に限らず、歴史のあらゆる事象において、経済はすくなからぬ影響を与えている。

明治維新の主役となった薩摩藩、長州藩は、実は諸藩の中で抜きん出た経済力を持っていた。

薩摩藩と長州藩は、関ヶ原で敵についた外様大名として、江戸時代を通じて幕府からいじめ抜かれた。江戸から遠く離れているため参勤交代で莫大な費用が掛かる上、たびたび幕府から「天下普請《てんかぶしん》」と言われる幕府関係の城の整備や治水事業などを押し付けられた。

両藩とも一時期は、財政破綻《はたん》寸前にまで追い詰められた。

が、この過酷な環境は、逆に早期の財政再建のきっかけになり、両藩は諸藩に先駆けて、産業振興にいそしみ米穀経済から脱することになった。

そして、第三の勢力ともいえる坂本龍馬とその仲間たちも、経済的に無視のできない存在だった。経済的基盤を持たない「浪士」という身分だった龍馬たちは、安易に雄藩の食客（つまり居候）にならず、経済的に自立した浪人結社をつくった。

その結果、諸藩の中で超然たる立場に立つことができ、薩摩、長州の同盟を仲立ちするという大業を果たすことになったのだ。

明治維新の主役となった者たちは、経済的な背景を持っていたのである。


幕末の動乱期には、激しい政争が行われ、それは最終的に戦争へと発展した。もちろん、それには多額の費用が発生した。

この費用をねん出するために、諸藩や志士たちは資金繰りに駆けずり回ったり、虚々実々の駆け引きを行ったりした。

たとえば、幕府は軍備拡張のために金品位を落とした貨幣を大量に鋳造し、それに対抗して雄藩たちは秘密裏にニセ金を製造していた。

また幕府が大政奉還をしたのも、江戸城が無血開城されたのも、実は**「経済的な背景」**が大きな要因となっているのだ。これらのことは、教科書や普通の歴史本では、あまり語られることはない。

本書は、お金の動きを細かく探ることで、幕末の動乱から明治維新に至るこの国の動きを再確認してみよう、という趣旨を持っている。

そこには、これまでの「薩長史観」「徳川史観」とはまた違った、**「リアルに躍動する歴史」**が見えてくるはずである。

第2章　財政再建を果たしていた薩摩と長州

第3章　第三の勢力「海援隊」とは？

第4章 幕府財政を立て直した怪物

第5章 長州征伐でついに幕府が財政破綻

第6章 大政奉還と戊辰戦争の金勘定

第7章　幕末経済を動かした「ニセ金」

最終章 維新で誰が得をして誰が損をしたのか?

第1章

幕府も諸藩も破綻寸前

絶対的に優位だった徳川幕府の経済

江戸時代というのは、徳川幕府が経済的には絶対に優位になるシステムになっていた。あまり顧みられることはないが、実は江戸徳川幕府というのは、日本の歴代の武家政権の中では、**断トツで大きい経済力**を持っていた。

江戸幕府は、約400万石の直轄領を有していた。親藩（徳川家一門）の領地を含めると800万石近くもあり、当時の日本の領土の25％に達していた。

これは封建制度としては、かなり広い領地だといえる。

鎌倉幕府は関東の数か国から十数か国を有していたにすぎず、せいぜい200〜300万石である。室町幕府はそれよりもさらに少なかったと見られている。そして豊臣政権にいたっては、家臣だった徳川家康よりも直轄領は小さかったのだ。豊臣政権は、全国の主な鉱山や港湾を支配下に置いていたため、総合的な経済力では徳川家康を上回っていたが、それでも、家康に対して圧倒的な差があったわけではない。

このように武家政権の中では、江戸幕府がとびぬけて直轄領が広いのである。直轄領が広いということは、兵動員力の大きさにもつながる。つまりは軍事力が大きいということである。

江戸時代の最大の大名は加賀藩の前田家だが、それでも120万石に過ぎない。幕府勢力は、その4〜5倍の規模があったのである。ちょっとやそっとのことで、跳ね返せる数字ではない。

江戸幕府はこの軍事力を背景にして、さらに大きな経済優位を保持していた。

全国の主な鉱山を直轄地にし、貨幣の鋳造《ちゅうぞう》権を原則として独占した。そのため、幕府は領地の広さ以上の経済力を持っていたのだ。

江戸時代の貨幣は、原則として幕府しか鋳造してはならないことになっていたのだ。諸藩は幕府の許可を得れば地域限定の貨幣をつくることはできたが、日本全体に通用する貨幣の鋳造は、徳川幕府だけの特権だったのである。

このように、諸藩に比べて圧倒的に経済力を持っていた江戸幕府だが、さらに諸藩からの経済的な収奪も行っていた。

これは「天下普請《ぶしん》」「御手伝い普請」と言われるもので、徳川家の城の改築や天領（徳川家の領地）の治水事業などを諸藩に請け負わせるのである。諸藩は、この天下普請のために、財政が傾いてしまうケースも多かった。

また諸藩には、このほかに参勤交代という「重税」もあった。

よく知られているように江戸時代では、諸藩の藩主の妻子は、江戸に住むことを強制され、藩主は1年おきに江戸に上ってこなければならなかった。この「参勤交代」の際は、大勢の家臣たちを引き連れて大名行列をして、国元から江戸までの長期旅行をすることになる。当然、莫大な旅費がかかる。

さらに江戸には、大勢の家臣たちを常駐させておかなければならない。

この「参勤交代」と「江戸常駐」の費用は諸藩の財政を圧迫した。

詳細データはあまりないが、ほとんどの藩にとって参勤交代や江戸駐留に関する経費は、財政支出の中でももっとも大きいものだったようである。

幕府は、諸藩の財政を圧迫する目的でこの参勤交代制度を始めたわけではなく、あくまで妻子を人質として江戸に置くというのが目的だった。が、この参勤交代によって、諸藩の経済力が弱まり、相対的に幕府の経済優位が強まることになった。

しかし幕府も諸藩も財政が悪化

このように、江戸時代というのは徳川家が絶対に優位になるシステムになっていたのだが、江戸時代の後半になるとそのシステムがうまく機能しなくなっていた。

諸藩が力をつけて、幕府を凌駕《りょうが》しようとしてきたわけではない。

社会全体の経済システムが変化したため、武家階級全体の経済力が低下していったのである。

江戸時代の初期の経済は、米が中心だった。

武家は、日本の主要生産物である米を独占することで、経済の中心に君臨していたのだ。

幕府や諸藩は、農民から米を年貢として徴収しその米を売却する。その金が、財政の柱となっていた。

が、江戸時代の後半になると、商工業が発展し、米以外の様々な産品が流通するようになっていた。米は経済の中心ではなくなっていたのだ。

武士というのは、基本的に、米を給料として支給されるという経済システムの中にいた。

社会が豊かになれば、相対的に米の価値は下がっていく。衣服や生活用品、娯楽などにもお金を使うようになる。つまりは、武家にとっては**「実質的に給料は下がるのに、消費は増える」**という状態が生じていたのである。

だから幕府や諸藩の財政は悪化するし、各武家では家計が火の車となっていることも少なくなかった。

そして江戸時代の税制というのは、年貢が中心であり、商工業にはあまり税を課していなかった。そのため商工業の発達が、税収増にはつながらなかった。

特に江戸の町民には、税金らしい税金は課せられていなかった。

なぜ江戸の町人だけが税金を免れていたのか。天保13（1842）年に勘定奉行の岡本成は、次のように述べている。

「町民が地税を納めるのは当然のことながら、江戸の場合は、徳川家が江戸に入ったときに、寛大さを示すために、地税を取らなかった。そのため、江戸の町民は地税を納めなくていいものと思い込み、これまで地税を徴収できなかった」

なんともお人好しというか、呑気《のんき》な話ではある。

家康が秀吉による国替えで江戸に入ったとき、江戸に人を呼び寄せるために、最初は地税を取らなかった。それが、町民の**「既得権益」**となってしまったのだ。

この発言があった天保13（1842）年というと、江戸時代の最晩年である。つまりは、江戸時代を通じて、江戸の町人たちは地税を払わずに済んだのである。

江戸では、参勤交代や諸藩の江戸駐留により、莫大なお金が落とされていた。が、せっかく大きなお金が江戸に落とされても、幕府は江戸町民から税を徴収することはほとんどしなかったのである。

つまり**江戸の発展は、幕府財政にはあまり寄与しなかった**のである。

そのため江戸時代の中期以降は、幕府は財政の悪化に悩まされることになるのだ。

家康の遺産を食いつぶした徳川政権

徳川政権はその発足時には、領土が広かっただけではなく、莫大な資産を持っていた。

徳川家康は、天下を取ってからも足袋《たび》を履かずにあかぎれになっていたといわれ、かなりの吝嗇《りんしょく》家だった。そのため、自分が獲得した財はあまり費消せずに、子々孫々のために残していたのだ。

ふんどしは汚れが目立たないため洗濯の回数が減るという理由で薄黄色を使用したケチの逸話が残る徳川家康

その最たるものが「**大法《だいほう》馬《ま》金《きん》**」である。

「大法馬金」とは金の大判2000枚でつくられた二千枚分銅金（約330kg）のことである（150kgという説もあり）。

家康はこの大法馬金を大量につくらせ、江戸期前半の万治年間には126個もあっ

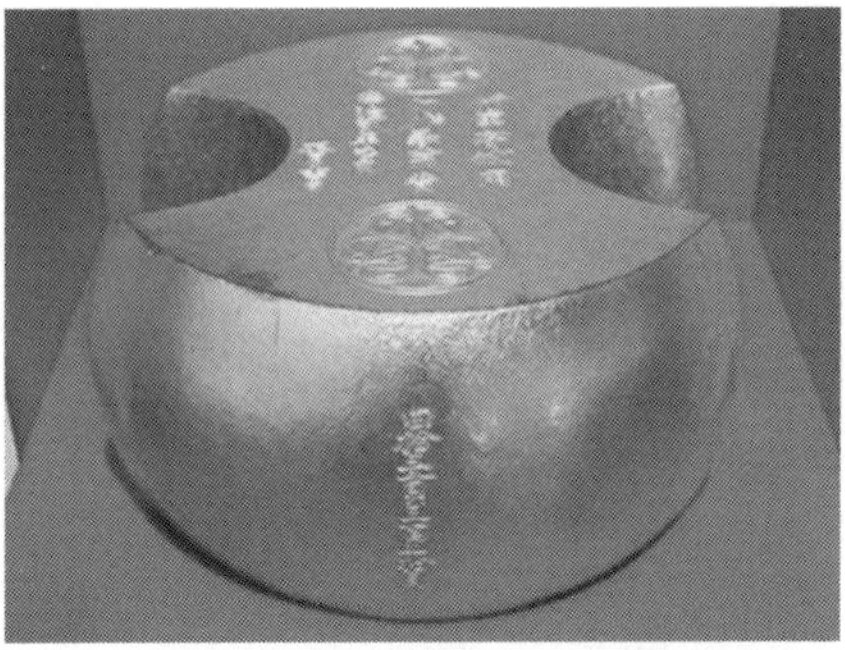

分銅の形をしている大法馬金。写真は徳川時代の鋳造の拓本記録を基にした模造品で大阪造幣局に展示されている

たという。金の大判にして25万3千枚という巨額さである。

豊臣秀吉が、天正17（1589）年に公卿や家臣たちに金銀を大量に配ったいわゆる「椀飯振舞《おうばんぶるまい》」のときでさえ、金の大判は4900枚だった。

家康の残した大法馬金126個は、その50倍以上に及ぶのだ。家康にはあまり**「金のイメージ」**はないが、実は金をもっとも貯めこんでいた覇王《はおう》だといえるのだ。

金の大判1枚の金の含有量はだいたい165gなので、純金にして約42トンということになる。現在、日本銀行が保有している金が、800トン前後である。

今から400年前の戦国時代に42トンの金を保有していたというのは、相当の財力だったといえるだろう。42トンの金は、現在の時価相場に換算すると、約2兆円である。

この「大法馬金」には「行軍守城用勿作尋常費」（戦費以外に用いるな、という意味）の文字が鋳込まれていた。つまり家康は、自分の死後、徳川家を脅かす戦争が起きたときのために、この「大法馬金」を準備していたのである。

しかし、幕府の財政悪化により大きな戦争も起こっていないのに、大法馬金はどんどん減っていった。

産業の発展とともに様々な消費が増え財政支出が増大したにもかかわらず、年貢収入は限られていたため、財政赤字がかさんだ。そして、金銀の産出量も減ってきたため、小判製造のためには、大法馬金を吹き潰さなくてはならなかった。そのため、この大法馬金は天保年間には26個になり、慶応年間にはわずか1個に激減してしまっていたのだ。

つまりはそれほど財政が悪化したということである。

幕府は貨幣改鋳で財政を補っていた

この財政悪化に対し、幕府はどういう対処をしたのか？

一番大きな方法としては「貨幣改鋳《かいちゅう》」がある。

簡単に言えば、**金の品位を落とした小判を鋳造し、それを以前の小判と同じ価値で流通させ、その分の差益を得る**という方法である。

この「貨幣改鋳」は江戸幕府の財政再建の常套手段だった。

莫大な通貨発行益を幕府にもたらしたが、品質が低下したことは誰の目にも明らかで評判は悪い元禄小判

最初に貨幣の改鋳を行なったのは、元禄8（1695）年8月のことだとされている。

時の勘定奉行の荻原重秀が、金銀の産出量の不足と貨幣流通量の低下を理由に、金の品位を落とした「元禄小判」を鋳造したのである。

この貨幣改鋳により、幕府は500万両の出目（収入）を得たとされている。

これに味をしめた幕府は、財政が悪化するたびに、貨幣改鋳を行なった。

そのため関ヶ原の翌年に鋳造された慶長小判と、幕末の安政の小判を比べれば、金の品位は3分の1になっていた。

江戸時代後半には、平時でも幕府収入の3分の1近くを改鋳益が占めるようになっていた。そしてその割合は幕末にはさらに高まることになった。

徳政令で武家を救う

しかし金に困っていたのは幕府だけではなかった。武家全体の経済力が低下していたため、家臣たちも苦境にあえいでいた。

そのため幕府は、武家の借金を帳消しにする「徳政令」的なことを数回行なっている。

江戸時代には、享保、寛政、天保という3回の大きな改革が行なわれている。この3回の改革にはそれぞれに特徴があるが、1つだけ共通点がある。

それは、**「武士の借財を帳消し」**にしたことである。

そして、この武士の借財の帳消しは、享保の改革以来、だいたい50年周期で行われている。つまり50年周期で、武士の借財が帳消しにされているのである。

だから、「父親の代からの借金を背負うことはあっても、祖父の代からの借金は背負うことがない」という状態だったのだ。

もちろん借金を帳消しにするとなると、商人の反発は大きい。

幕府は商人たちに配慮し、帳消しを行なうたびに札差《ふださし》(金貸業者)に対し特別融資を行うなどをして、金融不安が起きないようにした。

江戸時代の３大改革

年号	年代	主導者	特徴
享保	1716～1736？	徳川吉宗（８代将軍）	倹約と増税による財政再建。目安箱の設置や堂島米市場の公認が有名。金銭貸借についての訴訟を認めず話し合いで解決させる相対済令を発令
寛政	1787～1793	松平定信（老中）	緊縮財政、風紀取締りによる安定化を目指すも、定信が失脚。旗本・御家人の救済のため、6年以上前の債権廃棄などを盛り込んだ棄捐令が有名
天保	1830～1843	水野忠邦（老中）	綱紀粛正と奢侈禁止を中心とした農本主義。旗本・御家人の未払いの債権を無利子とし、元金の返済を20年賦とする無利子年賦返済令を発令

だから札差（金貸業者）も、それほど大きな恐慌に陥ることはなかったという。

それでも幕府や武家が、相当危うい経済事情だったことは紛れもない事実である。

そして、このように武家社会の経済力が低下しているときに、黒船がやってきたのだ。

黒船が与えた経済的ショック

ご存知のように、幕末の混乱は、黒船の来航とともに始まる。

嘉永6（1853）年、アメリカのペリー提督率いる艦隊が来航し、日本に開国を迫った。

幕府は、とりあえず1年後に返答するとしてペリー艦隊を追い返した。そして、莫大な費用を使って、沿岸地域に砲台を建設するなどの急場ごしらえをした。現在、東京にある「お台場」という地名はこのときにつくられた砲台の跡地なのである。

が、その甲斐《かい》もむなしく、翌年には黒船の軍事力に屈した形で、日米和親条約を結ぶことになった。

和親条約を結んだアメリカは、さらに日本に「通商条約」の締結を迫った。

幕府は、またもや武力の威嚇《いかく》に屈し、4年後の安政5（1858）年、「日米修好通商条約」を結んだ。これは、関税自主権が認められず、治外法権を認めさせられる、という不平等条約だった。しかも、アメリカ以外のイギリス、フランス、オランダ、ロシアなどとも、すぐにこの不平等条約が結ばれた。

そのため条約への不満が、世間で急激に高まった。

実は当時の日本にも、世界の情報は入ってきていた。西洋列強がアジアを侵略していること、清がアヘン戦争に負けて散々な目にあっていることなどを日本の知識階級は知っていたのだ。彼らは**「この条約は清の二の舞になるのではないか」**と危惧《きぐ》し、幕府への不満を募《つの》らせたのだ。

通商条約締結の影響は、庶民の生活にもすぐに表れた。

それまでの250年あまり、幕府は諸外国との貿易を厳しく制限してきた。だから、貿易が日本経済に及ぼす影響は非常に小さかった。

しかし、それがいきなり欧米諸国と自由貿易を始めることになったのだ。関税自主権がないため、関税で貿易を制限することもできない。

そのため、開港した途端、日本経済は大きく揺さぶられることになった。

まず最初に表れたのが、生糸《きいと》の品不足である。

開港するとすぐに生糸などの輸出が激増し、国内での品不足を招いたのである。

日本が開国したのは安政6(1859)年6月2日のことである。

このわずか1か月後には、運上所(税関のようなところ)が、生糸の輸出を制限している記録がある。三井横浜店の記録によると、安政6（1859）年7月22日に運上所が日本商人に生糸を販売しないようにという通達を出しているのだ。

幕府は生糸の輸出があまりに急激に増えたために、国内の生糸不足を懸念したのである。それほど、日本の生糸は、あっという間に輸出されだしたのである。

そして開港してからというもの、日本の物価は急激に上がり始めた。開港後の10年間で、物価は10倍以上上がったとも言われている。もちろん、それは庶民の生活に大きな打撃を与えている。

幕府の通商条約締結は、さらに世間から恨《うら》まれることになったのだ。

現在の東京都千代田区霞が関に位置する桜田門。安政の大獄、将軍継嗣問題などもからみ、井伊直弼は恨まれていた

幕末動乱のきっかけとなった**「桜田門外の変」**は、開港から半年後のことである。

安政7（1860）年3月、幕府の大老だった井伊直弼《なおすけ》が籠《かご》で江戸城に登城する途中の桜田門外で、水戸藩浪士17名、薩摩藩士1名の計18名の刺客に襲われる。刺客らは、最初に拳銃で籠を打ち、これが直弼に命中。その後、籠を刀で突き刺した。最後に、直弼を籠から引きずり出し、首をはねた。

江戸時代の270年を通じて、幕府の重臣が白昼堂々刺客に襲われたのは、これが最初で最後のことである。

井伊直弼は、アメリカとの条約締結を行なった張本人である。

この「桜田門外の変」が契機となり、日本は幕末の血なまぐさい動乱に入っていくことになるのだ。

日本の金が大量に国外流出する

また開国の影響は、物価上昇だけではなかった。

もっと手痛い打撃も被ったのだ。

よく知られたことだが、幕末の外国貿易では、幕府は不注意による金の大流出という失態を演じたのだ。

この**「金の大量流出事件」**の顛末《てんまつ》はこうである。

幕末のインフレ

一般卸売物価指数　1840〜44年の平均を100とした場合

年次	大坂（銀建て）	大坂（両建て）	江戸（両建て）	出来事
1853（嘉永6）	115,0	108,1	110,6	ペリー来航
1858（安政5）	130,7	113,5	117,9	開港
1859（安政6）	147,7	126,9	125,5	
1860（万延元）	160,2	136,1	133,3	万延二分金の鋳造開始
1861（文久元）	173,5	145,1	141,0	
1862（文久2）	198,0	159,6	152,6	
1863（文久3）	244,7	188,2	175,1	薩英戦争
1864（元治元）	373,6	252,7	210,8	禁門の変
1865（慶応元）	518,1	308,0	257,1	第二次長州征伐

三田学会雑誌1980年6月号「江戸後期の貨幣と物価に関する断章」新保博著より筆者が抽出

当時、日本と欧米諸国では、金銀の交換比率が違っていた。日本では金1に対して銀5で交換されていたが、欧米では金1に対して銀15で交換されていたのである。つまり欧米諸国は、金がより高い価値を持っていたのである。この交換比率の違いに目をつけた外国商人たちは濡れ手に粟《あわ》で、日本の金を入手するようになった。日本に自国から銀を買ってきて、日本の一分銀と交換する。その一分銀を今度は金の小判と交換する。その小判を中国に輸出する。たったそれだけの操作で、100%から200%もの利益をあげることができたのだ。

当時の中国ではすでに欧米の金融機関が進出しており、日本の金を欧米の相場で買い取ってくれた。わざわざ金を欧米に持ち帰る必要さえなかったのだ。なので、この方法で、外国商人たちは労せず金を手に入れることができたのである。

外国商人は日本の金銀の公定比率で交換しているだけなので、日本の国内経済の中では損はない。しかし金が大量に減少すれば、日本の貨幣制度が混乱してしまう。

その頃、欧米では、イギリスが金本位を採り入れ、他の諸国もそれに追随《ついずい》しようとしていた。金こそが、「貨幣価値の基準」になろうとしていたのだ。金をより多く保有したものが、「金持ち」ということになる。

国際的に価値のある金が大量に流出することは、「国際経済の中での日本」という立場においては非常に損である。

幕府の官僚たちもこのことに気づいたが、**後の祭り**だった。

欧米諸国と日本は、最初に「金銀は日本の交換比率で行なう」ということを決めていた。安政5（1858）年に幕府とアメリカが締結した日米修好通商条約の5条には、「外国の諸貨幣は日本貨幣同種類の同量をもって通用すべし」と定められているのだ。それをいいことに外国商人たちは、日本でごっそりと荒稼ぎした。

幕府は貨幣の改鋳をすることによって、ようやく金の流出を防いだ。そのときすでに百万両に及ぶ金が流出していたともいわれている。

諸藩の財政欠乏

幕末では、財政が悪化していたのは幕府だけではなかった。

諸藩の財政も、ひどく悪化していた。

むしろ諸藩のほうが、参勤交代などの**「重税」**があったため悲惨な状況に陥っていた。

たとえば、加賀藩の状況を見てみたい。

加賀藩は、ご存知のように120万石であり、徳川家に次ぐ2番目の版図《はんと》を誇っていた大藩である。いわば、諸藩の中では、もっとも豊かであるはずの藩である。

しかし加賀藩は、江戸時代の前期にすでに財政悪化に見舞われ、寛永年間（1624～1645年）には年に5万5千両の大赤字となっていた。

そのため、寛政年間以来、倹約を藩政の第一に掲げていた。

藩では、しばしば農民、町人にも臨時税を課し、家臣団からは**「知行《ちぎょう》借り上げ」**を行なった。「知行借り上げ」というのは、藩から支給されるべき家臣の俸禄《ほうろく》を削減するということであり、簡単に言えば給料カットである。

それでも財政悪化は慢性化していた。

文政年間（1818～1831年）には藩札を発行した。藩札というのは、藩で発行する、金や銀の引換券のことである。この藩札は、最終的には、金や銀と兌換《だかん》しなければならないが、加賀藩では、しばしば発行した藩札に見合うだけの金、銀を準備できなかった。そのため、天保8～9（1837～1838）年には二度目の棄損《きそん》を行なう。いわゆるデフォルトである。幕末には年約5万石を高利貸しへの借金返済に充てていた（『明治前期財政史』坂入長太郎著・酒井書店）。

また仙台藩も同様だった。

仙台藩は、東北地方で60万石を擁する大藩であり、日本有数の豊かな藩であるはずだ。この仙台藩の慶応元（1865）年の収支を見てみると、藩収入は約62万両に対して、藩支出は約61万両だった。単年の収支はかろうじて黒字だったが、前年度からの赤字引継ぎ分が約7万両、幕府に上納すべき代金11万両が残っており、計18万両の赤字が蓄積していた。

仙台藩は、この巨額の赤字について藩債によって切り抜けようとしていたが、商人の協力を得られず果たせなかった。仕方なく幕府から5万両を借り受け、高利貸しから10万両を借りて、どうにか切り抜けている（同前掲）。

加賀藩や仙台藩などの大藩でさえこのような状況だったのである。大半の藩は、財政が青色吐息だったのだ。

参勤交代の中止で諸藩は討幕の経済力をつける

諸藩の財政悪化は、幕府にも影響を与えた。

幕府はこれまで臨時費は、諸藩の上納金等で賄《まかな》ってきた。が、諸藩の財政は軒並み瀕死《ひんし》の状態であり、しかも諸藩に海岸の防備を担当させたため、それが不可能になった。

江戸時代の経済は徳川幕府が絶対優位になるようにつくられていた

←

商工業の発展で、武家の経済優位が崩れ始める

←

幕府は徳政令と貨幣の改鋳でしのいでいた

←

そんなときに黒船が襲来

←

急激なインフレが起きて世間の反発

←

尊王攘夷運動が激化する

幕府としても、諸藩の財政悪化は頭痛の種となった。

下手をすれば欧米諸国から侵攻されかねない状況の中で、諸藩が倒れてしまえば日本全体を守ることができなくなるからだ。

そのため幕府は、文久2（1862）年、諸藩に対し、参勤交代を3年に一度でいいということにし、江戸に留め置かれていた妻子も国元へ返すことにした。人質である妻子が国元に戻されたので、参勤交代は有名無実のものとなった。

これはペリー来航に伴い、諸藩に沿岸防備などに力を入れさせようということだった。が、これが**幕府にとっては裏目に出た**。

当時の江戸というのは、諸藩の藩主たちの妻子と大勢の家臣たちが居住していたために、その消費によって経済が回っていたのだ。彼らが帰国してしまえば、消費が冷え込んでしまう。そのため、江戸の景気は急激に冷え込んだ。

またすべての諸藩が、財政破綻《はたん》寸前になっているわけではなかった。

中には、すでに財政再建を果たし、大きな経済力を持っていた藩もあった。そういう藩は、参勤交代の廃止によって、さらに大きな経済力を獲得することとなった。その経済力は、軍備の増強に向けられることになった。そして増強された軍備により、討幕に動き出す藩も出てきたのである。
その代表格が**薩摩藩**であり、**長州藩**なのだ。

第2章

財政再建を果たしていた薩摩と長州

薩摩藩と長州藩の財政力

前章で述べたように、幕末には、江戸幕府や諸藩は財政の窮乏《きゅうぼう》に苦しんでいた。が、すべての藩がそういう状態ではなく、一部の藩は財政再建に成功し、大きな経済力を獲得していた。

特に薩摩藩と長州藩は、それが著しかった。

明治維新というのは、薩摩藩と長州藩が原動力となって起こされたものである。

薩摩藩と長州藩が明治維新の主役となったことについて、政治面、思想面ではこれまでさんざん語られてきたところである。

が、尊王思想や討幕運動に関して、薩摩藩と長州藩が始終リードしていたわけではない。薩摩藩、長州藩以上に、尊王思想が盛んな藩もあったし、討幕運動はかなり以前から全国の志士たちの間で進められていたものである。

では、なぜ最終的に薩摩藩と長州藩が、倒幕戦争と明治維新の主役に躍り出ることになったのかというと、それは、**両藩にそれだけの経済力があったから**だといえる。

討幕運動というのは、実は莫大な金がかかった。

文久2年（1862年9月14日）に横浜市鶴見区生麦付近において、薩摩藩・島津久光の行列に乱入した騎馬のイギリス人たちを、藩士たちが殺傷（1名死亡、2名重傷）した事件。『生麦之発殺』（早川松山・筆）

朝廷への工作資金、各藩との交際費なども相当な額に上っている。

また薩長両藩は、欧米との戦争を経験している。

薩摩藩は、生麦事件によりイギリスと戦争になっているし、長州藩は下関において米英仏蘭の四か国と戦争を行なっている。

当然のことながら、これには巨額の戦費がかかった。両藩はそれを賄った上で、さらに討幕戦に備えるほどの経済力があったということである。

薩摩、長州の経済力は、幕府を除いた諸藩の中では、突出していたといえる。

が、前述したように、江戸時代とい

うのは、そもそも幕府が経済的に絶対優位になるようなシステムになっていた。諸藩の経済力は、幕府に到底及ばないような仕組みが出来上がっていたのである。

しかも、薩摩藩と長州藩は、関ヶ原の戦いで西軍についた外様大名であるため、幕府からたびたび天下普請（公共事業のようなもの）を言いつけられるなど、財政的に不利な条件が多かった。

そのため、ともに財政破綻寸前にまで追い詰められていた時期もあった。

が、薩摩藩と長州藩は、その不利な条件があったからこそ、諸藩に先駆けて財政再建に取り組んだ。米中心の経済からいち早く脱し、各種の産業の振興などにつとめ、財政破綻を免れ、やがて巨大な経済力を獲得したのである。

本章では、その両藩がいかにして、幕府を倒すほどの経済力を得るに至ったかを追求していきたい。

なぜ薩摩藩は「経済大国」になれたのか？

まず薩摩藩の経済について考察してみよう。

そもそも薩摩藩は、江戸時代、経済的に非常に不利な条件が重なっていた。

薩摩藩は、桜島の火山灰の影響でもともと米がとれにくい。しかも日本では最南端に位置しており、参勤交代で莫大な費用がかかる。

また江戸幕府は、たびたび薩摩藩に「天下普請《てんかぶしん》」を命じた。「天下普請」というのは前述したように、徳川家の築城や城の改修、土木工事などを諸大名に命じるというものである。「参勤交代」と並んで、諸大名の財政をもっとも圧迫していたものだ。

この「天下普請」に薩摩藩は、さんざん苦しめられてきた。

徳川政権としては、関ヶ原で西軍についた薩摩藩を非常に警戒していた。そのため、ことあるごとに無理な天下普請を押し付け、薩摩藩の忠誠心を測るとともに、藩財政の弱体化を謀《はか》ったのである。

薩摩藩の天下普請は、慶長9（1604）年の江戸城の修築から始まり、18世紀半ばの宝暦年間には、木曽川の治水工事を命じられている。

この木曽川治水工事は、江戸時代を通じて最大級の土木工事だった。工事費用は30万両以上かかることが予想された。

当時、薩摩藩はすでに67万両の借金を抱えており、この天下普請は「取り潰し命令」に近いようなものだった。この天下普請の命令がきたとき、薩摩藩内では、これを断って幕府と戦うべきという意見も出ていたのである。

鹿児島では道徳の教科書に掲載された平田靭負（桑名市海蔵寺の銅像）は病死の説もある

しかし、最終的に薩摩藩は、この天下普請を請けることにした。

この工事の過程では、工事の最中に水害が起きるなどたびたび不測の事態が生じた。その責任を取るという形で、薩摩藩士が自害した。また幕府の役人への抗議として自害するケースもあった。この工事全体では、家老の平田靭負《ゆきえ》をはじめ薩摩藩士の自害は51人にも上った。

工事費用は、最終的に40万両にもおよび、薩摩藩の財政を大きく圧迫した。

借金を踏み倒す

無理な天下普請の影響もあり薩摩藩の財政は、江戸時代後半には破綻寸前にまで陥った。

江戸時代の借金の利子というのは非常に高く、1割2分くらいだった。今の消費者ローンと同じくらいの高利である。

そのため、薩摩藩の借金は雪だるま式に膨らんでいったのだ。

そして文政10（1827）年には、約500万両（銀32万貫）という大借金になってしまったのだ。

この500万両の借金は、利子だけで60万両である。薩摩藩の収入が12万両前後だったので、利子だけでその4～5倍にあたる。借金自体は歳入の40倍である。

この借金はどう考えても返せるはずなどはなく、もうこれはほぼ破綻状態である。

この薩摩藩の巨額の借金を清算したのは、調所広郷《ずしょひろさと》という藩士である。

調所広郷はもともと下級武士の出身だったが、茶坊主として藩に出仕し、第25代藩主、島津重豪《しまづしげひで》に才を見いだされる。天保9（1838）年には家老に抜擢《ばってき》され、藩の財政を任されるようになる。

調所広郷は、500万両にも膨れ上がっていた藩の借金を、ある方法でほとんど清算してしまう。

その方法とは、こうである。

藩に金を貸している商人たちに対し、**500万両の借金を250年の無利子分割払い**ということにする。250年の無利子分割払いということは、ほとんど借金をチャラにした

密貿易の件で幕府より咎められ、斉興に累が及ばないように服毒自殺したと言われる調所広郷

のと同じようなものである。

が、調所は、薩摩藩が琉球《りゅうきゅう》などで行なっていた密貿易に商人たちを関与させることで、彼らを説得したともいわれている。この件は、密貿易に関することであり、記録はあまり残っていない。

しかし、薩摩藩がその後も幾多の商人たちと取引をしているところを見ると、借金を踏み倒された商人たちにもそれなりにメリットのあることを行なったと見られる。もし、ただの借金踏み倒しであれば、その後、他の商人たちも薩摩藩と取引をしてくれなくなるはずだからだ。

後世の我々のイメージから見れば、大名はその身分的な威光を背景にして、借金を無理やり踏み倒して済ますことができそうなものである。が、そういうことをすると、商人たちから警戒され、二度と借金ができなくなるので、大名といえどもそういうことはなかなかできなかったのである。

黒糖の専売と密貿易

調所広郷は、借金を清算するだけじゃなく、財政の健全化も果たした。

その方法は、主に**「砂糖（黒糖）の専売」**と**「密貿易」**である。

特に砂糖の専売は、薩摩藩に大きな収益をもたらした。が、この砂糖の専売の収益は、薩摩三島や琉球への厳しい搾取《さくしゅ》によってもたらされたものである。

薩摩三島というのは、大島、徳之島、喜界島のことである。薩摩の属領のような扱いを受けていたこの三島は、藩の厳しい収奪の対象となっていた。

三島の砂糖の製造は、諸説あるが、元和9（1623）年ごろには、開始されていたとされている。

延享2（1745）年ごろには、三島の年貢は米から砂糖に替えられた。

そして調所広郷の時代には、三島から極限まで砂糖の収奪をするようになった。

薩摩藩は年貢として課した砂糖以外にも、島で生産された砂糖のすべてを買い入れようとした。

調所の「財政改革由緒書」には、天保元（1831）年から砂糖の買い上げ制度が始まったとされている。

この砂糖買い上げ制度とは、三島の砂糖をすべて買い入れるというもので、島内の砂糖の私的売買を厳禁し、これを犯したものは死刑という厳しいものだった。

大島が年々上納すべき砂糖「御定式上納分」は、460万斤（約2760トン）だった（他の島は明らかでない）。この「御定式上納分」以外の余剰分の砂糖は、日用品と交換するという名目で、藩が収奪したのである。

日用品と砂糖の交換比率は、恐ろしく薩摩藩側に有利になっていた。

大島での交換比率は、米1升（約1・8ℓ）と砂糖5斤（約3kg）が等価とされていた。が、大坂では砂糖1斤（約600g）のほうが米1升よりも高かった。天保元年から天保10年まで砂糖1斤は銀約1・1匁であり、米1升は約0・96匁だったのだ。つまり、薩摩藩は大坂の市場価格の5分の1以下の相場で、砂糖を買い付けていたのである。

そして薩摩藩は、余った砂糖と日用品の交換を徹底するため、三島において通貨の使用を禁じた。島民同士の商品の取引をさせず、日用品はすべて藩から買わせようということだった。この通貨全廃のとき、島民間の借金をすべて帳消しした。つまりは**徳政令**である。

これにより島民の多くを占める貧困層の不満を一時的に吸収した。

またさらに砂糖を増産するため、男子15歳以上60歳以下、女子13歳以上50歳以下に対して、1人当たりの耕地を割り当てた。

この専売制度は、明治維新でも廃止されず、明治6年3月になってようやく大蔵省より「勝手売買」の許可が出された。


薩摩藩は琉球に対しても砂糖の収奪を行なっている。

琉球政庁は、琉球内の砂糖を独占していたとされるが、それを薩摩藩がさらに独占したという。ある年、琉球政庁の砂糖の買い上げ高が87万斤（約522トン）あり、そのうち琉球政庁の諸費用などを差し引き、72万斤（約432トン）を薩摩藩が買い上げたのだ。

これを見ると琉球に対する収奪は、三島に対する収奪よりは甘い。

慶長14（1609）年以来、琉球は薩摩藩の属国ということにはなっていたが、一応、国家としての体裁があったし、清《しん》に対しても朝貢していた。そのため、三島ほど厳しい収奪はできなかったという（『鹿児島藩之砂糖専売』土屋喬雄著・鹿児島県立図書館所蔵より）。

砂糖は、江戸時代には貴重な特産品だった。

江戸時代のわが国の砂糖は、薩摩藩などの諸藩の産出と、中国からの輸入に頼っていたが、砂糖消費の約半分は薩摩産だったとされる。もちろん藩の重要な財源となった。元治元（1864）年の大坂蔵屋敷の収支報告では、総収入81万両のうち、41万両が砂糖による収入だった。

また薩摩藩は、琉球を通じて、中国、東南アジアや**はてはヨーロッパ諸国とも密貿易をしていた**とされている。この密貿易の記録は、犯罪のことなので、ほとんど残っていない。

こうして、調所広郷は薩摩藩の財政を好転させたのである。借金を清算した上、逆に250万両の蓄財をしているのだ。

薩摩藩が、幕末に巨額の艦船や武器を購入できたのは、**この財政再建があってこそ**、である。

かといって、そのころの薩摩藩の藩士たちが贅沢《ぜいたく》な生活をしていたわけではない。

ほとんどの薩摩藩の藩士たちは、江戸時代を通じて、幕臣や他の藩士などと比べればはるかに貧しかった。特に下級武士の生活は苦しく、西郷隆盛なども、食事に事欠いたり、一枚の布団を兄弟が取り合うようにして寝ていたという。

それは薩摩藩が幕府から過度な「天下普請」を押し付けられたことも大きく影響していた。薩摩藩が幕末に討幕運動を主導的に展開したのには、そういう背景もあったのである。

ペリー来航前から海外に目を向ける

諸藩の中で、いち早く財政再建を果たした薩摩藩は、今度は海外に目を向け、積極的に世界の最新技術を会得しようと試みるようになった。

実は薩摩藩は、ペリー来航前からすでに海外に目を向けていたのだ。

薩摩藩は琉球を支配下に置いており、琉球は清や東アジアと貿易を行なっていたため、琉球を通じて、世界やアジアの情勢が入ってきていた。

弘化元（１８４４）年には、イギリス船が琉球に来航して、贈答品などを献上している。そしてその直後にはフランス船も来航し、皇帝の命で琉球に国交を求めてきた。

この件に関して、薩摩藩は幕府と対応を協議し、万一の場合の戦闘についての打ち合わせもしている。これを受けて弘化３（１８４６）年には、孝明天皇が「海防を厳重にすべし」という勅書を幕府に下している。天皇が、政治に口出すのは江戸時代を通じて異例のことだった。

このように薩摩藩は、ペリーの来航よりもかなり以前から海外への警戒心を持つようになっていたのだ。

斉彬の享年50（満49歳没）。死因は、当時日本で流行していたコレラとも、父・斉興や異母弟・久光またはその支持者の陰謀との噂も

そして賢君と呼ばれた島津斉彬《なりあきら》の時代には、諸藩に先んじて欧米の技術導入に乗り出した。

薩摩藩の先進化を語る上で、島津斉彬の存在は欠かせないので、簡単に彼の生い立ちを紹介しておきたい。

島津斉彬は、文化6（1809）年、薩摩藩の第10代藩主・島津斉興《なりおき》の長男として生まれている。曽祖父である第8代藩主・重豪や実母の弥姫《いよひめ》の教育により、幼少期より学問に優れ、洋学にも強い関心を持つようになった。

しかし父の斉興やその側室のお由羅《ゆら》や重臣の一部たちは、斉彬ではなく、お由羅の子の久光《ひさみつ》を世継ぎにしようと画策していた。斉彬を推す重臣たちも多かったので、藩内が分裂し、お家騒動となった。いわゆる**「お由羅騒動」**である。このお由羅騒動は、大量の切腹者、処罰者が出るなど深刻な事態となったが、幕府老中の阿部正弘らの仲介により、ようやく嘉永4（1851）年に、斉彬が第11代島津藩主となった。このとき、すでに43歳となっていた。当時としては、異例の遅さである。

斉彬は藩主に就任すると、矢継ぎ早に開明的な政策を打ち出す。

斉彬は各地から高名な洋学者を薩摩に招いたり、蘭書を翻訳させたりヨーロッパ製品を輸入するなど、積極的にヨーロッパ文明を採り入れた。

また鹿児島城下の磯邸内に集成館《しゅうせいかん》という巨大な西洋研究施設をつくった。

ここは、最盛期には1200人の職工人が働く、当時としては巨大な工場集積施設だった。造船所、反射炉、溶鉱炉、写真所、ガラス製造所などの各種の工場などがあり、ガラスやガス灯、地雷、電信機なども製造していた。

そして薩摩藩はペリーの来航からわずか2年後の安政2（1855）年には、日本で初めて蒸気船（雲行丸《うんこうまる》）の建造に成功している。

これはオランダの著書の図面だけを頼りに、外国人の指導なしにまったく日本人だけでつくられたものだった。

後に技術指導のために来日したオランダ海軍のカッテンディーケ中佐は、薩摩藩がつくった雲行丸を見て、

「その機関は、コンデンサーに不備があって12馬力のはずが2、3馬力しか出ないなど様々

な欠点があったが、簡単な図面を頼りにこれをつくったことは驚嘆に値する」と記している。

薩摩藩の先進性は驚くばかりである。

またカッテンディーケ中佐は、薩摩藩の工場設備も見学しており、薩摩藩の製銃所でつくられたミニエー銃を見たとき、

「この銃の銃身は鉄の性質が非常に良いので優秀である」

と述べている。薩摩藩は大砲もつくっており、それについてカッテンディーケ中佐は「鉄製の大砲はあまり手際よくできていなかったが、銅製の大砲は綺麗に鋳上げられていた」と述べている。

当時の薩摩藩の工場設備は、西洋から指導者を招いたわけではなく、まったく独自でつくられたものだ。にもかかわらず、オランダの軍人をうならせるほどのものをつくっていたのである。

また島津斉彬は、西郷隆盛、大久保利通など下級武士でも有能な藩士を積極的に登用した。彼らが、後に薩摩藩の実権を握り、明治維新の大功をたてることになる。

斉彬は、宇和島藩主の伊達宗城、越前福井藩主の松平慶永（春嶽《しゅんがく》）らとも親交があり、

養女篤姫を将軍家定に嫁がせるなど、外交関係でも手腕を発揮した。

世間にも賢侯として名を知られ、松平春嶽、伊達宗城、土佐藩主・山内容堂とともに、「四賢侯」と呼ばれた。

長州藩の涙ぐましい新田開発

次に長州藩の財政を見てみたい。

長州藩も、江戸時代のスタート時点からかなり苦しい財政状況に置かれていた。

関ヶ原で西軍についてしまった長州藩は、112万石あった領土がわずか30数万石にまで削られた。3分の1である。同じように西軍についたにもかかわらず、ほとんど領土を削られなかった薩摩藩と比べても、かなり不利なスタートだった。

長州藩はこの難局を乗り切るため、江戸時代のはじめから、家臣の俸禄を数分の1に下げたり、藩を挙げて新田開発を行なったりしていた。

そして、幾度も厳しい検地を行ない、新田開発の増収分を残さずに藩財政に組み込んだ。

実は江戸時代、長州藩以外の諸藩ではそれほど厳しい検地は行なわれなかった。農民たちが努力して開発した新田の多くは**「隠し田」**として、お目こぼしされていたのだ。しか

長門《ながと》国における長州藩の位置関係（藩名があるのは支藩）

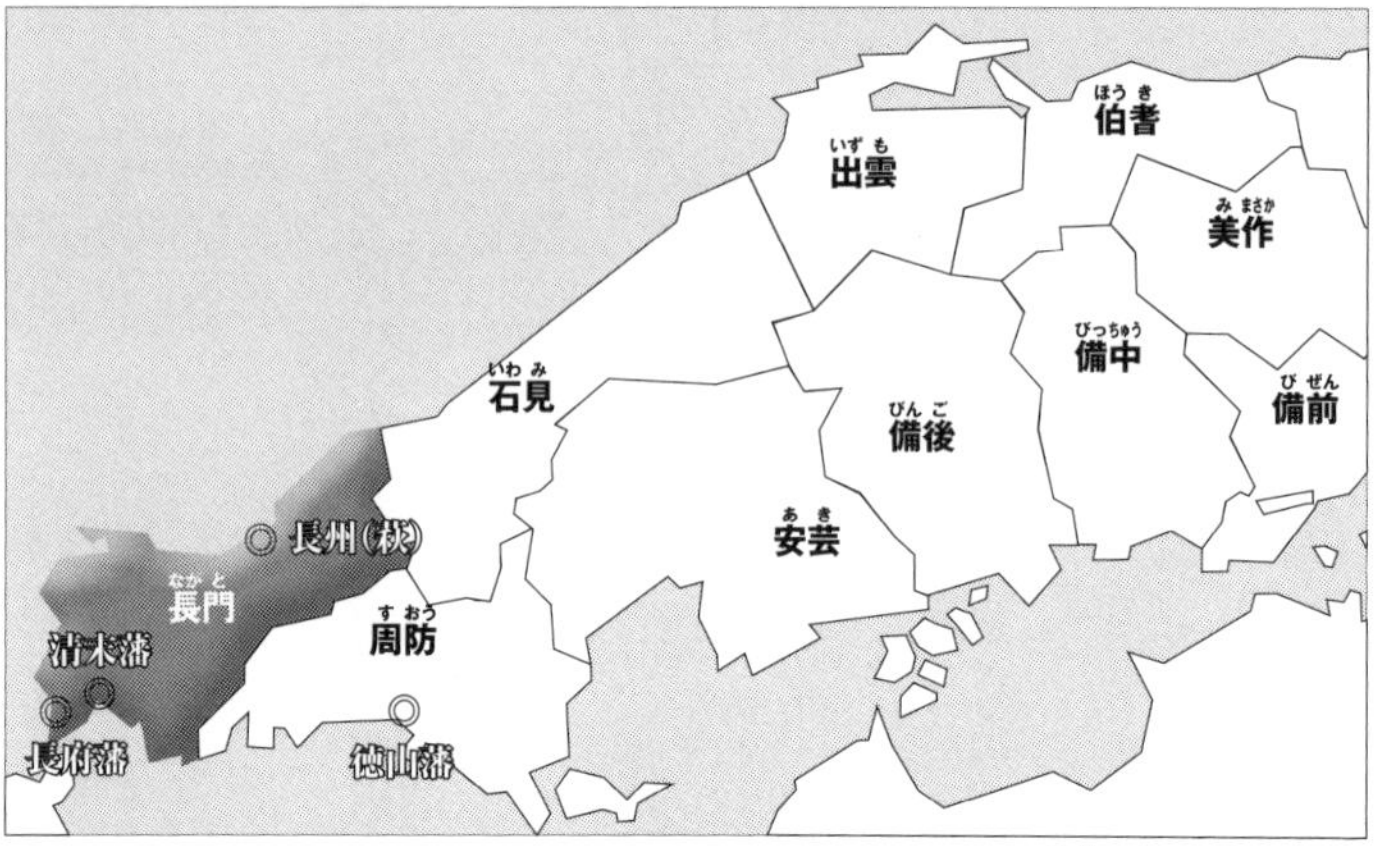

出典：ASAHIネットより

し、長州藩はそういうお目こぼしは一切せず、厳しく藩の石高に繰り入れたのである。

　寛永2（1625）年の熊野検地で、早くも65万8千石にまで増石になっている。

　そして承応元（1652）年までに約2万石増加。天和元（1681）年までにさらに4万3千石増加した。

　また不毛地帯とされている地域も積極的に開発した。

　寛永2（1625）年からの135年で、実に19万石以上の増石となっている。当初の石高の4割の増収である。

　そして明治2（1869）年に新政府に提出した藩の財政報告では、本領が71万3666石、支藩27万4338石で、合計98万8004石となっている。関ヶ原の直後から比べれば、3倍にも増加しているのだ。

それでも多額の借金を抱える

が、前述したように江戸時代は、当初の米中心の経済から、様々な商品が流通する多様な商品経済に移行し、新田開発だけでは藩財政は賄えなくなった。

そのため、江戸時代後半には、長州藩も財政がかなり悪化していた。

文政11（1828）年の時点で、長州藩の借金は約140万両（銀8万5千貫）に達していた。薩摩藩の500万両の借金には及ばないものの、長州藩の年間収入の22倍という巨額さである。

この長州藩の財政を立て直したのは、家老の村田清風《せいふう》だった

天保14（1843）年に、村田清風は藩士たちの借金を藩が肩代わりし、藩はその借金を37か年賦皆済仕法《ぶかいさいしほう》という方法で清算することにした。

これは、37年の間、毎年、借入金の3％を37年間払い続ければすべて完済するという返済方法である。

3％を37年間払えば111％支払ったことになる。つまり37年間で利子が11％しかつか

ないということである。1年間にすれば、0・3％程度である。大幅な利子の引き下げをしたわけである。

そしてその代わり藩士たちの俸禄の引き下げを行なった。

結果的には、藩士たちの俸禄を引き下げさせ、その負担を商人たちに負わせたようなものである。

また日本全国の流通の要衝だった下関に**「越荷方《こしにかた》」**という役所をつくった。

越荷方というのは、商人の便宜を図る代わりに手数料を取るという「税関」のようなものである。下関は九州の産品だけでなく、北前船の中継地点でもあった。北前船は、北海道、北陸の産品を、関西地方や関東に運ぶ船である。江戸時代では日本全体の物流の大半は、下関を通っていたのである。

そのため下関に越荷方を置いたことにより、長州藩の財政は非常に潤うことになった。

これらの財政改革により、ピーク時の天保9（1838）年には9万2026貫目（銀）にも達していた長州藩の借金は、明治維新期には6万貫目程度に減っていた。

また長州藩は、18世紀半ばに撫育《ぶいく》局という藩内の産業振興をする機関をつくった。この撫育局は、**「防長三白」**と呼ばれる長州藩の特産品の発展に務めた。防長三白というのは、塩、紙、米のことである。

また撫育局の会計は、藩会計とは別会計とされてきた。

宝暦検地で生じた増石を藩会計に入れずに別会計としてこの撫育局に組み入れたのが始まりであり、これ以降、撫育局の会計は藩の会計とは別にされるようになったのだ。

だから撫育局では、藩の会計が赤字になっても、その補てんには使わずに、藩の産業発展のための予算としてプールされることになった。そのため長州藩は、いくら藩財政が赤字になっても、産業振興を続けることができた。そして、この産業振興策は、幕末には大きな実を結び、藩に巨額の剰余金をもたらすことになったのだ。

清風は特産物である蠟の専売制を廃止して商人による自由な取引を許した。その代わり、商人に対しては運上銀を課税している

長州藩は、幕末に諸外国から巨額の艦船や大量の武器を購入しているが、その費用のほとんどはこの撫育局の予算から賄われたのである。

ペリーの来航とともに政治の表舞台に躍り出る

このようにして、薩摩藩、長州藩は、財政の窮乏にあえぐ幕府や諸藩をよそに、幕末には巨大な経済力を持つことができたのだ。その経済力は、軍事力、政治力にも直結することになった。

そして、ペリーの来航をきっかけに、薩摩藩と長州藩はその経済力を背景にして、政治の表舞台に躍り出ることになった。

ペリーの来航により、幕府はそれまでの諸藩への統制をゆるめた。参勤交代を事実上、廃止したのは、すでに述べたとおりである。

また幕府は、嘉永6（1853）年9月に、諸藩の大型船建造を許可した。江戸時代では、寛永12（1635）年以来、諸藩は500石以上の大型船の建造や所有が禁じられていた。軍事への転用を警戒してのことである。それがペリーの来航により、解禁されたのである。

これにより、薩摩藩、長州藩は相次いで造船所を建設した。

薩摩藩が、ペリー来航から2年後にはすでに蒸気船を建造したことは前述したが、長州

下関海峡を通る外国船を次々と砲撃した結果、長州藩は英仏蘭米の列強四国と下関戦争が起こった（写真は下関の砲台跡のレプリカ）

藩も、ペリー来航4年後の安政3（1857）年12月には、萩《はぎ》の恵美《えび》須ヶ鼻《すがはな》造船所で洋式帆船「丙辰丸《へいしんまる》」を竣工させている。

薩摩藩、長州藩が建造した艦船は、さすがに西洋製の艦船と比べると見劣りがした。が、自前で艦船を建造できるということは相当の技術力、財政力があったということである。

そして、財政力を持っているということは、当然、政治的な発言力も強くなる。

尊王攘夷運動

ペリー来航以来、日本では尊王攘夷思想が、国中を席巻していた。

江戸時代の中ごろから「尊王思想」はブームのようになっていた。これは、水戸学と呼ばれるもので、**「そもそも日本は朝廷が統治していたものであり、朝廷が政治を行なうのが本来の姿」**という考え方である。

この水戸学は、江戸時代半ばから幕末までをリードする政治思想となった。勝海舟らの幕臣から、西郷隆盛、木戸孝允《たかよし》らの薩長、坂本龍馬らの脱藩浪士たちまで、幕末の有識者の大半は、水戸学に影響を受けているのである。水戸学というのは、当時の日本の常識的な思想だったといえるのだ。

そしてペリーの来航で、この水戸学が化学反応を起こすのである。

アメリカとの間に結ばれた不平等条約に憤った志士たちが、「天皇を中心とした強力な国家をつくり、外国を打ち払うべき」という考え方を持つようになった。

それが**尊王攘夷**《そんのうじょうい》思想なのである。

しかし、尊王攘夷思想を諸藩が政策として堂々と掲げることは難しかった。

長州藩士・吉田松陰の私塾「松下村塾」では、後の明治維新で重要な働きをする多くの若者に思想的影響を与えた

なぜなら、江戸時代は幕藩体制の中にあったので、諸藩が幕府の存在を否定するような「尊王攘夷」を口にすることははばかられたのである。

そんな中、薩摩藩と長州藩が、尊王攘夷運動の中心に躍り出ることになる。この両藩は、幕府にもあまり遠慮せずにモノが言えた。それは、両藩がそれだけの財政力があったからでもあるのだ。

尊王攘夷運動は、やがて討幕運動に発展していく。

第3章

第三の勢力「海援隊」とは？

坂本龍馬と海援隊

明治維新は、薩摩藩、長州藩が中心になって行なわれたものだが、もう1つ重要な勢力があった。

それは、坂本龍馬率いる **「海援隊」** である。

坂本龍馬と海援隊は、幕末の一大勢力であり、薩摩、長州も一目置いていた存在である。坂本龍馬というと、薩長同盟、大政奉還など、明治維新における重要な事項で、主導的な役割を果たした人物として知られている。

幕末政治のキャスティングボートを握っていたとさえいえるだろう。いや、政治だけではなく、経済においても実は大きな影響を持っていたのだ。当時の日本経済のみならず、その後の日本経済においても、少なからず影響を与えているのである。

坂本龍馬自身は、決して大きな財力があったわけではなく、死ぬ間際まで実家の兄に刀をねだるような **「一介の浪人」** だった。

しかし、彼らの柔軟な経済思想と、広範囲な人的ネットワークは、幕末維新期の政治経済を左右するほどの影響力があった。
本章では、この坂本龍馬と海援隊についての経済面を追求していきたい。

実は生活が大変だった「勤王の浪士」たち

よく知られているように、坂本龍馬は「浪士」だった。つまり、もともとは武士だったのだが、藩から脱したのである。ここが、他の明治維新の元勲たち木戸孝允（桂小五郎）、高杉晋作、西郷隆盛らと大きく違うところである。

慶応2年または3年に上野撮影局で撮影されたといわれる坂本龍馬の写真

なぜ龍馬が、脱藩して浪士になったのか、簡単に言えば、藩の方針と自分の考えが相いれなかったからである。当時は、尊王攘夷思想を持ついわゆる「勤王の志士」は大勢いたが、尊王攘夷の方針を取る藩はあまり多くなかった。尊王攘夷思想というのは、天皇を中心とした国家運営をして諸外国を打ち払え

（侵攻を食い止めろ）という思想である。しかし、まだ徳川幕府の権威は衰えておらず、諸藩の首脳部としては、幕府の機嫌を損ねかねない「尊王思想」などを掲げることは、そうそうできなかったのだ。

薩摩藩や長州藩のように、尊王攘夷を堂々と掲げる藩はむしろ例外だった。

だから、薩摩藩や長州藩以外の「勤王の志士」たちは脱藩することが多かったのだ。

龍馬もその1人なのである。

当時の勤王の浪士たちにとって、**「食べていく」**というのは大変なことだった。

ご存知のように江戸時代というのは、士農工商の身分がきっちりと固定されていた。

そして武士は、藩から土地や糧米をもらうことで、生計を立てていた。しかし、脱藩浪士というのは、藩から離れたものなので、収入の途《みち》がないのである。

では、どうやって脱藩浪士たちは食っていたのか？

まずは、蓄えの切り崩しである。彼らは、当然のことながら脱藩するとき精いっぱいの金をかき集めている。そして各人が持ってきたその金を出し合って、支えあったのだ。

また国元に仕送りを頼むことも多かった。坂本龍馬の同志である土佐藩出身の吉村虎太郎などは、故郷の家や親族にあてた手紙に金の無心をしたものが多く残されている。また龍馬にも、坂本家が活動資金をねん出してやるために田を売ったという伝承がある。

薩摩藩、長州藩など尊王運動に積極的な藩に匿《かくま》ってもらうという方法もあった。土佐浪士の中岡慎太郎などが、このルートを採っていた。中岡は龍馬より、少し後に脱藩しているが、彼は脱藩してすぐに長州に身を投じている。

薩摩藩、長州藩は、その頃、浪人多数の面倒を見ていた。

前述したように薩摩藩、長州藩は、その当時、諸藩に比べて裕福な藩だった。そのため勤王活動をしている浪士などを、積極的に匿い養っていたのだ。

また浪士の中には、豪商といわれる商家（下関の白石家など）をスポンサーに持ち、それで生活の糧を得るものもあった。幕末には、気骨のある商人がけっこういて、そういう商人たちに勤王浪士は助けられたのである。

享保６年（1721年）創業。坂本龍馬と海援隊をかくまった材木商「酢屋」の現在。坂本はここ（京都市中京区）を定宿にしていた

浪人の増加が治安悪化を招いていた

しかし属す場所や、匿ってくれる藩もなく、スポンサーもいない浪人の場合、食い詰めて、辻斬りやゆすりなどをすることも多かった。

たとえば、元治元（1864）年に水戸藩の尊王攘夷派が筑波山で挙兵した「天狗党」は、かなり強引なやり方で地域住民から、軍資金を調達していた。富豪を脅して献金をさせたり、米問屋の倉庫から米を強奪したりもしている。そして刃向った農民などは、何の躊躇《ちゅうちょ》もせずに斬り捨てている。

天狗党というと維新のさきがけのように言われることもあるが、地域住民から見れば、ただの凶暴なテロ集団だったのである。

もちろん、志士たちも、そのようなことをすれば世間の支持を失うことは知っていた。だから賢明な志士たちは、極力そういうことをやらなかった。しかし経済的な才覚の無い者、追い詰められている者などは、天狗党のようにゆすり、たかり、強盗のような行為をすることもあったのだ。

特に京都や江戸では、それが頻発し社会問題ともなっていた。

そのため、このような「あぶれ浪人」対策を、幕府や諸侯も考えるようになった。

京都に新撰組《しんせんぐみ》が置かれたのも、それらのあぶれ浪人対策の1つだったのだ。

新撰組は、江戸の「あぶれ浪人」たちを取り立てて、京都の守護にあたらせ、京都で不逞を働いている浪人を取り締まらせるという、「毒をもって毒を制す」という策だったのである。

京都で反幕府勢力を取り締まる警察活動に従事したのち、旧幕府軍として戊辰戦争を戦った新撰組の壬生屯所跡

そういう中で、土佐浪士の坂本龍馬は意外な方法で、脱藩浪士たちの食い扶持《ぶち》を稼ごうとしはじめた。

その意外な方法とは、**「貿易商社」**である。

どこからか船を調達し、その船を自分たちで運行することによって、食っていけるようになろう、ということである。自分たちで稼ぐのであれば、誰に縛られることもなく、自由な活動ができる。各藩の利害や立場を超えたところから発言もできる、ということである。

坂本龍馬は、すさまじいエネルギーと行動力で、その理想を現実化した。

それが、**「海援隊」**なのだ。

海援隊というのは、「脱藩浪士」たちによってつくられたものである。

海援隊の規約には、入隊条件として、

「脱藩したもの」

というものがあり、原則として脱藩浪人しか入れなかったのだ（実際には、諸藩からも研修生のような形で藩士を受け入れていた）。

そして海援隊（元の亀山社中）の設立目的は、実は「尊王攘夷」や「倒幕」ではない。

最大の目的は、「経済」だったのである。

もっと平たく言えば、「金儲け」である。といっても、現代の金儲け主義のような、自分が贅沢な暮らしをするための金儲けではない。

「仲間たちを食わせていくため」

の金儲けである。

商人の血が半分入った龍馬

このように坂本龍馬は、他の志士たちとは、ちょっと違った発想を持っていた。なぜ龍馬が、そういう人物になっていったのか、その生い立ちからひも解いてみたい。

坂本龍馬は、天保6（1835）年、土佐藩の郷士の次男として生まれている。郷士というのは、土佐藩の下級武士である。

坂本家は、身分は低いといえ、経済力は決して低くなかった。もともと坂本家は才谷屋という土佐有数の豪商の分家なのである。龍馬が生まれた当時、坂本家は、領地161石と三人扶持の家禄を持っていた。161石というのは、土佐の郷士の中でも、上から3番目である。ちなみに、幕末期の参政（家老）となった後藤象二郎の家は、当初は150石だった。身分は後藤のほうが龍馬よりはるかに上だったが、領地は狭かったのである。

龍馬の坂本家は、本家が商人なので、親戚にも商人が多かった。その中には、廻船問屋《かいせん》を営んでいるものもいた。龍馬は、そういう親戚たちに大きな影響を受けたようである。

龍馬は、幼少のころは愚鈍《ぐどん》だったとされるが、剣術をはじめるとみるみる上達し、江戸に二度も剣術修行に行っている。江戸の名門、千葉定吉道場で免許皆伝もされている。

龍馬が脱藩したのは文久2（1862）年3月、26歳のときのことである。

ペリーの来航以降、尊王攘夷の嵐が吹き荒れ、それは四国の南の土佐にまで及んでいた。土佐藩では、下級武士を中心に**「土佐勤王党」**が結成されていた。

この「土佐勤王党」は幕府を倒して、天皇を中心とする政治体制をつくるべきという思想を持つ団体だった。龍馬も、最初はこの土佐勤王党に加盟していた。

しかし土佐藩の上層部は、尊王攘夷活動に好意的ではなく、旧守派が多数を占めていた。そのため土佐勤王党員たちは、苛立《いらだ》ちを募らせていた。

文久2（1862）年の春、その土佐勤王党員たちが狂喜するような情報が入ってきた。幕末の混乱した政治情勢をただすために、薩摩藩の国父（藩主の父）島津久光が薩摩兵2千人を率いて上京するというのである。この薩摩藩の上洛にあわせて、薩長の若手藩士や各地の浪士などが京都に集まり、挙兵する計画が立てられた。

その話が土佐にも入ってきたのだ。そして、土佐勤王党の中から、「脱藩してこの計画に参加しよう」という者たちが出てきた。

龍馬も、その中の1人だったのだ。

勝海舟との出会い

しかし、いざ脱藩してみると聞いた話と、実際の状況とは、かなり違っていた。薩摩藩国父の島津久光は、確かに上京したが、倒幕のための挙兵をするというような気配はまったくなかった。

逆に、挙兵の計画をしていた過激な薩摩藩士たちを説得しようと試み、説得が効かないと見るや上意討ちにしてしまった。いわゆる**「寺田屋事件」**である。

龍馬らの土佐脱藩組は、ここで行動の目標を失ってしまう。

かといって、いまさら土佐に帰るわけにはいかない。当時、脱藩は重罪であり、下手に戻れば捕縛《ほばく》されてしまう。

そのため龍馬は、下関あたりをうろついたのち、脱藩して4か月後の文久2（1862）年8月には、江戸を訪れている。

龍馬にとって、江戸というのは、嘉永6（1853）年と安政3（1856）年の二度遊学した場所である。また遊学先の千葉定吉道場は、龍馬の懇意の場所だった。跡取り息子の千葉重太郎は親友であり、その妹の千葉佐那とは婚約関係にあったとされている。

寺田屋事件は現在の京都市伏見区の旅館・寺田屋で発生した事件。以下の2つの事件が寺田屋事件と呼ばれる。1862年（文久2）年、薩摩藩の尊皇派志士の鎮撫事件。1866（慶応2）年、坂本龍馬襲撃事件。ここでは前者の事件を指す

そして、江戸で重要な出会いをする。脱藩して半年以上経った文久2（1862）年の12月のことである。龍馬は幕臣の勝海舟のもとへ赴くのだ。

勝はそのときのことを「坂本龍馬ははじめ俺を斬りに来たけれども、世界情勢を諭《さと》してやると、改心して門弟になった」と語っている（「氷川清話」）。しかし、勝海舟は著作などでものごとを面白おかしく語るくせがあるとされ、真偽のほどはわからない。

龍馬は、勝に会う前に、越前藩主の松平春嶽に会い、勝への紹介状をもらっているので、斬りに行くというのは、ちょっと考えにくい。

とにもかくにも、龍馬は、この勝海舟から大きな影響を受けることになるのだ。

勝は、幕末を代表する開明的知識人であり、洋行の経験もあった。

勝は「艦船を入手して貿易を行ない、国力をつけて外国の脅威に備える」という思想を、龍馬に植え付けた。龍馬は、この勝の思想を「海援隊」として具現化するのだ。

海軍修行をする

龍馬は、仲間たちとともに勝海舟の門人となった。

勝海舟が明治になって書いた「海舟亡友帖」によると、「坂本龍馬以下八九名現に我が門下に潜匿す」となっている。つまり、龍馬のほか8、9人の浪士たちを勝海舟は匿っていたのである。

龍馬は、当時からすでに何人かの仲間と行動していたとみられる。その仲間たちもろとも、勝は引き受けてくれた。生活や命に不安を抱えていた土佐浪士たちは、非常に助かったに違いない。

また龍馬たちも、勝の身辺警護をするなど恩に報いた。アメリカへの渡航をし、開国論を唱えていた勝は、敵も多かった。狂信的な志士に狙われることも多かったので、龍馬らのガードは何よりのものだったに違いない。

勝海舟は、小身の出だった。しかし、苦学の末、昇進を重ね、龍馬と会ったときは2千石という大身となっていた。龍馬の1人や2人、食客となっても、なんでもなかったのだ。また勝海舟のほうでも、一代で急に昇進したため、代々の家来というものがおらず、信頼できる門人を探していたのである。

その頃、勝は、幕府に対して海軍の重要性を訴え、神戸に海軍の学校を設立する許可を得ていた。そして、幕臣の子弟たちが学ぶ正規の学校のほか、勝の私塾として諸藩の藩士たちが入ることができる海軍塾も、同時に設立した。

龍馬は、その勝の海軍塾の塾頭のような立場になった。この勝の海軍塾で、当時、最先端の技術だといえる**「西洋船の航海術」**を学ぶことができるようになった。そして龍馬は、ここで後の同志や部下となる多くの人材とも出会っている。この海軍塾の塾生たちの一部が、後年、亀山社中、海援隊の中心メンバーとなるのだ。

勝海舟がつくったこの海軍修練所は、実は浪人の救済策という面があった。

勝は、将来のある若者たちが、志士活動でいたずらに命を落とすことに心を痛めていた。彼らに航海術を教え、後日、日本のために役立てたいと考えていたのだ。

そして、勝海舟にとっても、龍馬との出会いは幸運なことだった。なぜなら、龍馬が門下生になってくれたおかげで、他の浪人たちも勝の意見に賛同し、塾に入ってくるようになったからだ。

勝が書いた海軍塾の設立趣旨を見てみよう。

近頃、わが身を犠牲にして国のために奔走しようとする草莽の士が増えている。彼らをいたずらに死なせてしまわずに、方向性を与え、役に立たせるべきである。だから、まず神戸の地に海軍局を設け、彼らを集合させた。彼らには、航海術を学ばせ、上海、天津、朝鮮などにも行き、見聞を深めさせるつもりである。

幸いなことに、土佐の坂本龍馬氏が、私の塾に入った。その影響で激徒となっていた者たちの多くが、私の考えに賛同し、入塾することになった（「海軍歴史Ⅱ」より筆者が現代語訳）

これを見ると、この勝の考え方を、龍馬はそのまま引き継いでいることがわかる。龍馬がつくった「亀山社中」「海援隊」は、この勝の海軍塾の設立精神そのものなのである。

「禁門の変」の影響で海軍塾が閉鎖される

この龍馬の海軍修行は、突然、終わりを告げる。

元治元（1864）年、長州藩が兵を京都に乱入させる**「禁門の変」**を起こす。

当時、長州藩は、公家を使って勅令（天皇の命令）を濫発し、政治の主導権を握りかけていた。長州藩は、弁説鋭い論客と多額の政治資金を使って、公卿を抱きこみ、朝廷を牛《ぎゅう》耳《じ》りつつあったのだ。

それに対して、薩摩藩をはじめとする諸藩が反発した。

文久3（1863）年8月には、薩摩と会津が中心になって、朝廷、幕府等に工作し、長州藩は京都から追い出された。「長州藩は偽の勅令を濫発し、国政を混乱させている」として、京都の守護職を解かれたのだ。長州藩が長州系の公家7人とともに引き払う、いわゆる**「七卿落ち」**と言われる政変である。

長州藩は、この事態からの巻き返しを図るために、翌元治元（1864）年、兵を京都に乱入させる「禁門の変」を起こす。

が、兵力にまさる幕府、薩摩などの連合軍に惨敗し、以降、長州藩は、完全に京都から追い出される。

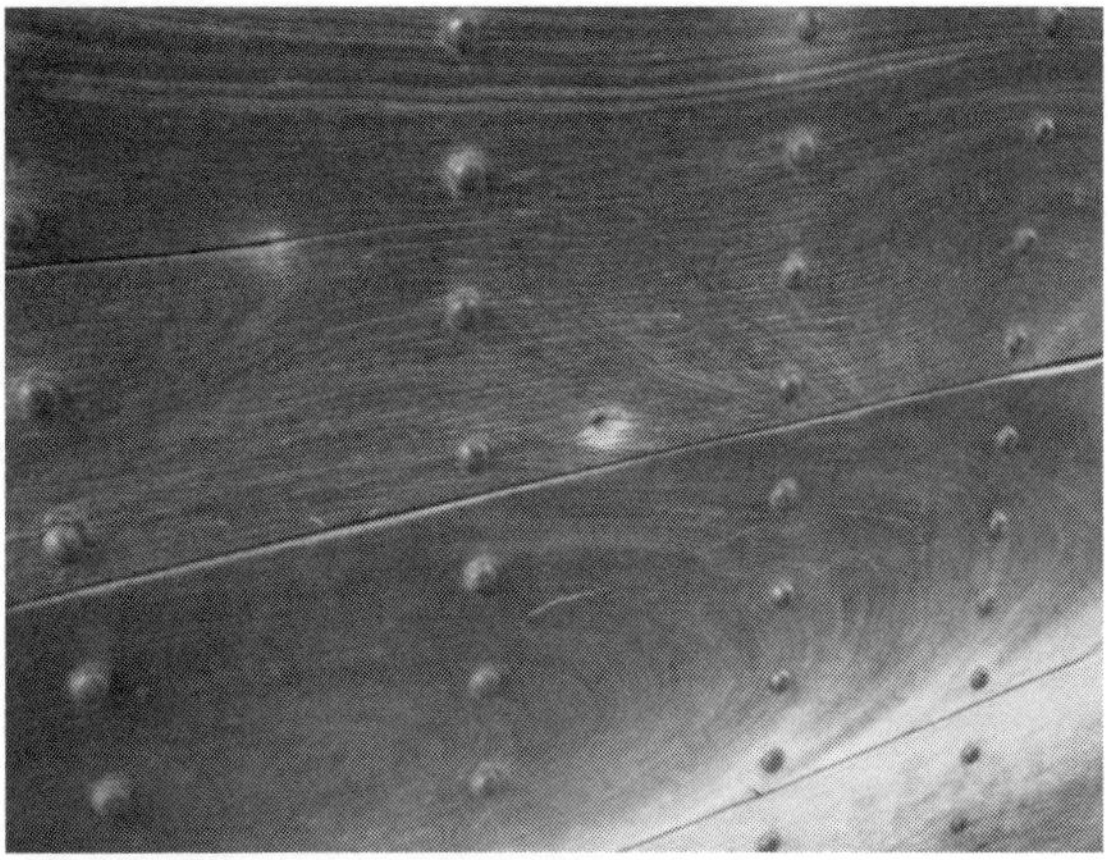

禁門（蛤御門）の変は、激戦地が京都御所の御門周辺であったことによる。蛤御門は現在の京都御苑の西側に位置し、今も門の梁には弾痕が残る

この「禁門の変」の直前に、長州藩系の浪士たちの密会現場を新撰組が強襲した**「池田屋事件」**というものが起きる。

この「池田屋事件」で新撰組に切られた浪士の中に、海軍塾の望月亀弥太がいたのだ。望月亀弥太は、土佐藩出身で、龍馬とは土佐勤王党の同志でもあった。

このことが、幕府から問題視されたのだ。勝の海軍塾というのは、幕府の金も使われている。その塾で池田屋事件の関係者などを養っているのは、けしからんという声が幕府の中から出てきたのだ。

しかも、この時期に、塾生の高松太郎（龍馬の甥で後の海援隊士）が、塾の冬の準備として大量の毛布を買い込んでいた。この毛布が、長州藩士を匿うためのものじゃないか、という疑いをもたれたのだ。

この年の10月、勝海舟が江戸に召喚され、軍艦奉行を罷免され蟄居《ちっきょ》を命じられる。

そして勝の海軍塾も閉鎖されることになる。勝の門人だった龍馬たちも当然、よりどころを失うことになった。

薩摩藩の雇われ船員となる

海軍塾が閉鎖された後、龍馬は、塾の仲間を引き連れて、薩摩の庇護《ひご》を受けることになる。勝の海軍塾は、諸藩から派遣されていた者も多かったが、浪人も多かった。浪人たちは行く場所がないので、ほとんどが龍馬と行動をともにした。

そのため龍馬は、常に彼らを食わせていく算段をすることになった。

が、龍馬は安易に、薩摩藩や長州藩を頼ることはしなかった。

当時、薩摩藩や長州藩は、多くの浪人を匿い、養っていた。討幕戦争など、いざというときの兵力として確保していたのだ。

龍馬の仲間の中にも、薩摩藩や長州藩の食客のようになっている者も多々いた。

郵便はがき

料金受取人払郵便

牛込局承認

5559

差出有効期間
平成31年12月
7日まで
切手はいりません

162-8790

東京都新宿区矢来町114番地
神楽坂高橋ビル5F

株式会社ビジネス社

愛読者係行

ご住所 〒 TEL: ( ) FAX: ( )			
フリガナ お名前		年齢	性別 男・女
ご職業	メールアドレスまたはFAX メールまたはFAXによる新刊案内をご希望の方は、ご記入下さい。		
お買い上げ日・書店名 年 月 日 市区町村 書店			

ご購読ありがとうございました。今後の出版企画の参考に
致したいと存じますので、ぜひご意見をお聞かせください。

書籍名

お買い求めの動機

1　書店で見て　　2　新聞広告（紙名　　　　　　　　　　）

3　書評・新刊紹介（掲載紙名　　　　　　　　　　）

4　知人・同僚のすすめ　　5　上司、先生のすすめ　　6　その他

本書の装幀（カバー），デザインなどに関するご感想

1　洒落ていた　　2　めだっていた　　3　タイトルがよい

4　まあまあ　　5　よくない　　6　その他(　　　　　　　　　　)

本書の定価についてご意見をお聞かせください

1　高い　　2　安い　　3　手ごろ　　4　その他(　　　　　　　　　　)

本書についてご意見をお聞かせください

どんな出版をご希望ですか（著者、テーマなど）

京都三条木屋町（三条小橋）の旅館・池田屋に潜伏していた長州藩・土佐藩などの尊王攘夷派志士を、新撰組が襲撃。長州藩はこの事件をきっかけに挙兵・上洛し、禁門の変を引き起こした

しかし龍馬は決して、単なる食客になろうとはしなかった。

彼らの食客になってしまうと、**「彼ら側の人間」**になってしまう。自由にモノが言えなくなるわけである。

だから、龍馬はただ頼るのではなく、自分たちの技術を売り込んだのである。

前述したように龍馬たちは、海軍塾で航海術を修行していた（もちろんまだ熟練しているわけではなかったが）。

当時、諸藩はこぞって蒸気船や西洋式の帆船を買い求めていたが、蒸気船を動かせる船員はごくごく少数だった。そのため龍馬たちの**「技術」**は価値があったのだ。

蒸気で走り鉄の鎧《よろい》で覆われた軍艦は、当時の最強の武器だった。この軍艦を乗りこなせるということは、最強の傭兵《ようへい》集団でもあった。薩摩藩としても、その辺の浪士を匿うよりは、よほどメリットがあったのだ。

維新土佐勤王史には、龍馬たち元海軍塾生たちが、元治元（1864）年の暮れから慶応元（1865）年の春まで、薩摩藩の胡蝶丸《こちょうまる》などを運航していたと、記されている。

海援隊の前身「亀山社中」を結成する

しかし龍馬たちは、いつまでも薩摩藩の庇護を受けるつもりはなかった。

龍馬はかねてから、自分たちで船を所有し運輸業などを行ないたいと考えていた。それを薩摩藩の重役の小松帯刀《たてわき》などに相談し、協力を得ることに成功した。

そうして旗揚げしたのが、**「亀山社中」**なのである。

亀山社中は日本で最初の株式会社などと言われることもある。

古代から日本には事業家が数多くいたが、そのほとんどは個人経営のものである。誰かが出資し、その金を元手に第三者が事業を行なうという「株式会社」のシステムは、確かに亀山社中が、先鞭《せんべん》をつけたともいえる。もちろん、株券などは発行していないので、厳密な意味での株式会社ではないが。

薩摩藩としても、龍馬たちに支援することはそれなりのメリットがあった。いざというときに、薩摩海軍の傭兵として使えるからである。

そうして旗揚げされたのが、かの亀山社中である。

亀山社中は、慶応元（1865）年の春、長崎において結成された。

土佐藩の脱藩浪士を中心にしているが、諸藩の浪人たちも数多く加わっており、紀州藩浪士の陸奥宗光（後の外務大臣）などもいた。

亀山社中は、船を自分たちで運用し、輸送業や貿易業を行なっていこうという**「商社の前身」**のような結社だった。

が、薩摩藩から一応、給料は出るようになっていたようだ。給料の額は、月3両2分である。当時の土佐藩の長崎留学生の手当てが月8両だったので、決して高い額ではない。が、食うには困らない額だった。

亀山社中の「亀山」とは、彼らの宿舎に由来している。

長崎で「亀山焼」という焼き物を焼いていた家が空いていたため、龍馬たちが借り受け、そこを宿舎にしていたのだ。この亀山社中というのは、正式名称ではなく、当初はただ「社中」とだけ言っていたのが、次第に亀山社中と呼ぶようになっていったのである。社中とは、当時の言葉で、「結社」というような意味である。

海援隊の誕生

この亀山社中は設立の翌々年、**「海援隊」**に衣替えする。

その経緯を簡単に説明したい。

龍馬のつくった亀山社中は、実は経営が思わしくなかった。

亀山社中には、ワイルウェフ号という西洋帆船が薩摩藩から貸与されていたが、嵐のために、それを沈没させてしまっていた。そのため、海運業をしたくても、船がないという状態だったのである。

亀山社中は、長州藩の武器購入に際して、イギリスのグラバー商会との仲介役を果たし、大きな取引を成立させたりしていた（詳細は後述）。しかし、当時は、取引の仲介者が手数料を取るというような商慣習がなかった。亀山社中は長州藩のために骨を折っただけで、ほとんど報酬は得られなかったのだ。長州藩の藩主から、簡単な褒美《ほうび》を受け取っただけだった。

そして、慶応2（1866）年の秋ごろには、薩摩藩の支援もそうあてにならなくなっていた。

自分たちの船が欲しかった龍馬たちは、薩摩藩を保証人にして大坂商人からお金を借り、「大極丸」という西洋帆船を買うことを計画した。しかし、薩摩藩が途中で保証人から手を引き、船の代金を払えなくなってしまった。

薩摩藩も、保証人になるような余裕がなくなっていたのだ。

この時期、薩摩藩も軍備増強のために、相当に無理をして武器を買い込み、借金が膨らんでいた。購入していた平運丸、開聞丸は、グラバー商会への借金の担保とされてしまった。また薩摩藩への貸し付けが多かったグラバー商会自体が、資金繰りが悪くなり、商品の卸元であるジャーディン・マセソン商会から取引停止の憂《う》き目にあっている。

薩摩藩は、ジャーディン・マセソン商会に直接の債務もあり、それは慶応2（1866）年6月の時点で、16万5千ドルにも上っていた。

薩摩藩の長崎出張所ではグラバー、ボードウィンなどの外国商人から、借金返済の催促に悩まされていた。慶応2（1866）年6月、長崎で外国掛を務めていた五代友厚《ごだいともあつ》は、薩摩本国に対し「只々困窮あいなり、実にもって苦心まかりあり申し候」と悲鳴のような手紙を送っている。

とても亀山社中を支援できる状態ではなかったのだ。

もちろん、この大極丸の一件で龍馬と薩摩藩の縁が切れたわけではないが、経済的な結びつきは解消されつつあった。

龍馬としては、薩摩に代わるスポンサーが欲しかった。

そんなとき、土佐藩から声がかかる。

幕末の土佐藩は、朝廷を中心とした政治を目指す「勤王派」ではなく、あくまで幕府を中心にすべしという「佐幕派」の立場をとっていた。だからこそ、龍馬は脱藩したのである。

が、幕末の最終盤になると、土佐藩も幕府の行く末に限界を感じ、「勤王派」に軌道修正しようとしていたのだ。

そのため土佐藩は、「勤王の志士」として名高く、薩摩藩や長州藩などにも強いパイプを持つ龍馬の存在に着目したのだ。

土佐藩は脱藩した龍馬たちと結びつくことで、勤王派としての立場を築こうということである。

土佐藩の参政（家老格）の後藤象二郎は、龍馬たち亀山社中が船の未払い金で困っていることを知り、そのお金を肩代わりすることを提案する。その代わり、亀山社中は、土佐藩を**「海から応援する」**という約束をするのだ。

土佐藩は、海援隊にまず1万両を基金として出資し、その1万両を、龍馬は大極丸の購入費用にあてた。

これが、海援隊の成り立ちである。

第4章

幕府財政を立て直した怪物

小栗上野介の登場

前述したように、ペリーの来航以降、幕府の財政は極度にひっ迫し、その権威は大きく落ちた。

しかし江戸時代の末期も末期になって、そんな傾きかけた幕府の財政と権威を、立て直そうとする人物が登場する。

小栗上野介忠順《ただまさ》である。

小栗上野介は、勘定奉行に就任するや、幕府の財政を劇的に改善させ、その財力を使って軍事力の大幅な強化にも成功した。

そのため討幕を画策していた勤王の志士たちからは、怪物のように恐れられた人物である。

小栗上野介は、かつては「幕府のために日本を植民地化しようとした極悪人」と攻撃されることもあったが、昨今の幕臣再評価のブームでは、**「日本を近代化させた偉人」**と言われることもある。

が、その両方を併せ持っていたというのが、妥当な見方ではないか、と思われる。

小栗上野介は、幕末の政治経済のキーパーソンでもあるので、その生い立ちを簡単に説明したい。

小栗上野介は、文政10（1827）年、2500石の旗本の家に生まれる。2500石というのは、相当な名家である。幕末に活躍した幕臣は、勝海舟など小身から出世した者が少なくなかったが、小栗上野介は生まれながらのエリートだったのである。

彼は、文武に優れ、安政2（1855）年には家督《かとく》を相続。安政4（1857）年には使番《つかいばん》に、安政6（1859）年には目付《めつけ》になり、江戸幕府の高級官僚としての道を順調にすすんだ。

小栗の発案・主導のもとに日本初の本格的ホテルが建設。小栗の財政、経済及び軍事上の施策は見るべきものがあり、その手腕については評価は高い

安政7（1860）年には、目付（監察）として遣米使節の一員に選ばれ渡米。欧米の先進技術に触れる。

このように小栗上野介は幕臣としてエリートコースを進むが、生まれが大身だったこともあり、自己主張が強く、たびたび上層部と衝突した。そのため、外国奉行、陸軍奉行などの要職に就きながらも、短期間で罷免されることが多かった。

が、難しい時局を乗り切るため、幕府は彼の力を必要とした。

元治元（1864）年、2度目の勘定奉行に就任し、幕府の財政、軍制を一手に引き受けることになるのだ。

小栗上野介は、非常に切れ者だったのだが、その能力は日本全体の利益のためというより、幕府存続のために向けられることが多かった。

幕府財政を劇的に改善させた「万延二分金」とは？

小栗上野介は、まず幕府の財政を、あるトリックによって劇的に改善させた。

万延二分金《まんえいにぶきん》という新通貨を発行したのである。

万延二分金とは、万延元年（1860年）から鋳造を開始された金貨である。通貨価値は2枚で1両に相当する（1両＝4分）。

この万延二分金というのは、**いわくつきの金貨**だった。

というのも、それまでの金貨と比べると、金の含有量は60％しかないのだ。金の減量分は、幕府の取り分になるという寸法である。

前述したように幕府はこれまでも財政が悪化すると、たびたび貨幣の改鋳（改悪）を行ない、その差益を収入としてきた。

小栗上野介は、この貨幣の改鋳を最大規模で実施したのである。この万延二分金は、それまでの貨幣の10倍以上の5千万両分も大量発行されたのだ。それまでの幕府の金貨はせいぜい多くても数百万両程度しか鋳造されていないので、万延二分金の鋳造量だけが突出しているのである。

万延二分金は、幕府の財政悪化を補う切り札でもあったのだ。

含有金量では劣る名目貨幣で一両あたりの含有金量では江戸時代を通じて最低のもので、小栗二分金とも呼ばれた万延二分金

小栗上野介は、この万延二分金の改鋳による差益で、慶応元（1865）年に横須賀製鉄所を建設する計画をたてたといわれている。

諸藩にとっては、万延二分金というのはありがたくない存在だった。金の含有量が4割も減っているのに、これまでと同じ価値で使わされるのである。しかも5千万両という大量発行である。

その結果、世間では急激なインフレが起き、経済が混乱した。米の値段などは、万延元年（1860年）

以降の7年間で10倍近い値上がりをしたのである。もちろん庶民は、非常に困った。潤うのは幕府ばかりである。

このような万延二分金の大量発行をすればインフレが起きるというのは、小栗も最初からわかっていたはずだ。つまりは幕府財政を立て直すためには、なりふり構わなかったのである。

こういうことから、小栗は諸藩や世間から恨みを買うことになったのだ。

横須賀の製鉄所と造船所

一方で、小栗上野介は後世の日本に、大きな財産を残している。

それは、横須賀の造船所である。

小栗上野介は、横須賀の造船所、製鉄所の建設を立案し、実行に移しているのだ。

横須賀の造船所は、明治維新の頃にはほぼ完成しており、代金も大半が支払われていた。だから明治新政府は、ほぼ無償で、この横須賀造船所を受け継ぐことができたのだ。

この横須賀造船所は、日本の造船業の発展に大きく寄与し、造船大国日本の礎になった。

当時、アジアで最大のものであり、欧米でもこれより大きいものは、イギリス、フランスなどにあるくらいだった。

横須賀造船所の建設については、小栗の政敵であった勝海舟も「功績だった」と認めている。

日露戦争で、ロシアのバルチック艦隊を破り、世界にその名を轟かせた東郷平八郎は、**「日本海軍が勝てたのは横須賀造船所のおかげである」**として、小栗上野介の遺族を自宅に招き、礼を述べたという。


この横須賀の造船所、製鉄所の建設は、スムーズにことが運んだわけではない。何度も触れたように、当時の幕府の財政はひっ迫していた。そういうときに、なぜこんな莫大な金がかかることをするのか、と幕府内でも反対論が渦巻いていた。

が、小栗上野介は、その反対を押し切って、建設に踏み切ったのである。

旧幕臣で、小栗と懇意《こんい》だった栗本鋤雲《くりもとじょうん》の回顧によると、横浜の造船所、製鉄所の建設について、小栗は次のようなことを言っていたという。

「幕府の財政は火の車だが、これだけの大きな事業を行なうことで、無駄な費用を節約させる口実にもなる」

「たとえ幕府が倒れても日本に財産として残すことができる」

これは、親小栗の栗本鋤雲の証言なので、額面通り受け取ることはできないかもしれない。栗本がこの回顧をしたとき、小栗は官軍によって処刑されており、小栗の名誉回復をさせたいという意図は少なからずあったはずだ。

が、小栗が日本の将来のために、幕府の財政が火の車のときに大金を使って「造船所」や「製鉄所」をつくっていたということは、評価に値すると思われる。

小栗は横須賀造船所の建設資金をどうやってねん出したのか？

元治元（1865）年に、横須賀造船所はフランスの支援を受けて着工した。幕府がフランスと交わした「製鉄所約定書」には次のように記されている。

・製鉄所1か所、艦船の修理場大小2か所、造船所3か所、武器庫および管理施設を、4か年で落成させること。

・横須賀湾の地形は地中海のツーロン湾に似ているので、ツーロン造船所に倣《なら》って設計される。だいたい横450間（約250メートル）、縦200間（約110メートル）の広さで建てられること。

・費用は、すべての建設において1か年につき60万ドル、4か年総額で240万ドルで落成させること。
・幕府は、この約定書がフランス政府に承認されたときに60万ドルを支払う。残額も遅滞なく支払うこと。

横須賀造船所は、ほぼこの約定書の通りに建設された。

明治元（1868）年時点で、造船所はほぼ完成しており、幕府は234万ドルをすでに支払っていた。朝廷が接収したときには、工事の代金はあと約60万ドル必要だったが、8割方は支払われていたのだ。

財政がひっ迫していた幕府が、この建設費をどうやって賄ったか、いまだにその詳細は判明していない。

旧幕臣で、明治時代にはジャーナリストとして活躍した福地源一郎は、
「幕府の財政がもっともひっ迫している中で、どうやってその費用を捻出したのかは、今日においても不可思議である。また当時の幕府の間でも不思議がられていた。すべては小栗1人が算段したことである」
と述べている。

が、小栗としても、魔術を使って資金をねん出したわけではないので、その財源はおおよその推測はつく。

小栗が万延二分金で幕府財政を立て直そうとしたことは前述したが、幕府は万延二分金の利ざやだけに飽き足らず、さらにそれよりも金の含有量を減らした「万延二分金もどき」の金貨を製造していたことがわかっている。

この「減量金貨」は、普通の万延二分金として製造されているにもかかわらず、金の含有量が規定より少ないのである。

当時、諸外国との条約で、貨幣における金の含有量は、明確に規定されていた。もちろん万延二分金も、金の含有量（これまでの金貨の6割）が諸外国との間で明確に規定されていた。

だから、規定量以下の貨幣をつくることは、諸外国との条約違反ということになる。幕府はそれを承知で秘密裏に金の含有量を減らした金貨をつくっていたのである。つまりこれは幕府がつくった**「贋金《ニセ》」**ということになる。

小栗は、おそらくこの万延二分金の贋金による収益をどこかにプールしておいて、横須賀造船所の建設費などを支払ったものと思われる。

兵庫商社計画とは？

また小栗上野介は、**兵庫商社**という会社の設立も計画していた。

兵庫商社というのは、総合商社の走りのような存在である。

幕末の日本の貿易は、国際商法に長けた外国商人にいいようにされている感があった。

日本が開国したころの欧米の商人たちというのは、非常に狡猾《こうかつ》ですばしこい上に、資本力もあった。そして何より、当時の国際貿易のルールというのは、欧米の商人たちがつくったものである（それは今もあまり変わらないが）。

そんな中で、300年近く鎖国して国際関係に疎《うと》かった日本は、当初はしてやられてばかりだった。

日本は開国以来すぐに生糸の輸出を大々的に始めるが、この生糸の輸出でも、日本はさんざん痛い目にあった。

当時の日本の貿易は、**「居留地貿易」**という変則的な形態をとっていた。

日本に来た外国商人たちは居住地を制限され、日本国内での自由な行動は禁止されていた。そのため、日本の貿易のほとんどは、外国商人たちの居留地で行なわれていたのである。

日本の商人たちは、輸出するにも輸入するにも、外国商人の居留地に行かなければならなかった。日本の商人たちは、独自の貿易ルートを持っていなかったからである。

外国商人たちは、難癖をつけて返品したり、自分たちに不利だと思えば急に契約を反古《ほご》にしたりした。また日本の商人は商品の持ち込みに際して、看貫料（商品の検査料）などの名目で不当に様々な経費を負担させられた。

日本の業者は、国外に営業拠点を持たないため、横浜などの国際貿易港まで商品を持ってきて、外国の商人に売ることしかできなかった。売値は当然、外国商人の意向に沿った形になる。そのため、貿易のうまみは、みな外国商人たちが持っていったのである。

幕末から明治初年にかけて、日本側の主な輸出品である生糸は、海外販売価格の2分の1、3分の1程度の値段で買い叩かれていたという。居留地の外国商人は、大儲けしていたのである。

また当時の日本の業者は、規模が小さかった。

外国商人たちは、それに目をつけ日本の業者たちを手先のように操るようになった。日本の業者に、生糸の買い取り金として、多額の資金を貸し与え、日本の業者はその資金を返済するために、外国商人の言いなりで取引をするようになっていったのだ。

さらに、こんなこともあった。外国商人は、はじめに生糸を非常に高い値段で引き取った。すると日本の商人たちは各地で生糸を買い集め、我も我もと横浜に生糸を持ってきた。そして、生糸が大量に集まったところで、急に生糸を買い控え価格を暴落させたところで、買い叩いた。そのために、日本の商人たちは立ち行かなくなり、外国商人から借金をする羽目になった。そして次第に日本の商人たちは、外国商人の言いなりになってしまったのだ。

イギリスをはじめとする西洋諸国の貿易商人たちは、アジア諸国で行なっていた方法で、日本でも暴利をむさぼろうとしていた。日本を植民地にせずとも、経済的に植民地同様にしてしまおうとしていたのだ。

当時、横浜、長崎に続いて、兵庫も開港されそうになっていた。

小栗上野介は横浜、長崎の失敗を繰り返さないように、日本の商人たちを連合させた半官半民の会社をつくり、資本力を強化して、日本の輸出産品を一手に引き受けることで、外国企業が暴利をむさぼるのを防ごうとした。

そこで、つくられたのが、兵庫商社なのである。

この兵庫商社には、紙幣の発行などの権利も与えられ、銀行と総合商社の性質を併せ持ったような存在だった。

そして、**幕府の財政を立て直す切り札的存在**でもあった。

もし兵庫商社が活動を始めれば、外国商人の暴利は防ぐことができる。しかも、日本の輸出による利益を幕府が独占することになるからだ。

生糸の収益を独占しようとしていた小栗

また小栗は、生糸の利益を幕府が独占するという計画も持っていた。

「日仏組合商法」という、日本とフランスの合弁の会社のようなものをつくり、生糸の輸出はすべて、「日仏組合商法を通さなければならない」という仕組みにしようとしていたのだ。

つまり、日本の生糸の輸出をすべて幕府が管理するとともに、輸出相手はフランスに限定しようとしたのである。

もちろん、幕府とフランス双方に大きな利益があることだった。

生糸というのは、当時の日本にとっては貴重な輸出商品だった。

明治維新期の日本の近代化は、生糸によって成し遂げられたといっても過言ではないほどである。

実は、当時の日本はすでに生糸の生産においては、世界最高水準にあった。江戸時代、日本の各藩は、養蚕《ようさん》を奨励し、その技術は著しく向上した。江戸時代の末期には、暖房によって養蚕の日数を短縮するという技術も開発されていた。

また養蚕の技術書なども数多く出版されている。元禄15（１７０２）年、我が国最初の養蚕の技術書『蚕飼養法記《こがいようほうき》』が記され、江戸時代を通じて１００冊の養蚕の技術書が出版されている。その中には、千部以上、刷られた本もあるという。当時の出版技術を考えるなら、これは驚異的だといえる。日本人のマニュアル好きは、江戸時代からあったのである。

江戸時代に出版された養蚕の技術書の中に、『養蚕秘録』というものがある。これをシーボルトが日本から持ち帰り、１８４８年にはフランス語に翻訳されて出版されている。日本の養蚕技術がそれだけ高かったということである。

西洋では、産業革命により機械による製糸技術が発明されたが、日本ではその西洋技術が入ってくる以前に、すでに簡単な機械を使って製糸を行なっていたのである。

しかも、幕末にはヨーロッパの生糸産業は振るわなくなっていた。

ヨーロッパではフランスが生糸の一大産地だったが、蚕《かいこ》というのは飼うのが非常に難しくしばしば病気によって不作になることがあった。

日本の開国時も、ヨーロッパの生糸が非常に不作になっている時期だった。1840年代からフランス、イタリア、スイスなど主要な生糸生産国の蚕が病気に侵されはじめ、1868年には全滅の危機に瀕していた。日本が開国したのは、1859年なのでまさにどんぴしゃりのタイミングで、日本の生糸が世界市場になだれこんでいったのだ。

ヨーロッパでは生糸は品薄であり、必然的に日本の生糸を輸入することになったのだ。格安で品質のいい日本の生糸は、欧米で重宝され、瞬く間に重要な輸出産品となったのである。

いわば生糸は、当時の日本全体の貴重な財産だったわけだ。

その生糸の収益を、幕府は独占しようとしたのである。

これに対して、薩長や尊王派の志士たちは、非常に警戒した。

坂本龍馬などは、小栗上野介のこの「兵庫商社」に対抗して海援隊をつくったり、薩摩や長州に働きかけて「下関商社」というものをつくろうと画策したりもしたのだ。

小栗は日本を植民地化しようとした？

さらに小栗上野介は、駐日フランス公使レオン・ロッシュを通じ、フランスから軍事的、経済的援助を取り付ける。

この経済援助とは、600万ドルもの借款《しゃっかん》契約を結び、製鉄所の建設や、軍艦の購入をするというものである。「日仏組合商法」によって、生糸の輸出をフランスに限定しようとしたのも、このフランスからの借款が大きく絡んでいるのである。

横須賀造船所の建設費の倍以上の600万ドルを借り入れるというのだから、それは大変なことである。横須賀造船所の建設費の支払いが滞りなくされていたことさえ奇跡に近く、幕府内部の者がいぶかるほどだったのである。さらに600万ドルもの借金をするとなると、**「ただでは済まない」**はずだ。

勝海舟はこの借款を小栗から聞かされたとき、日記に

「国の財政が尽きたので、土地を担保にして金幣を借りようとしている」

と記している。

そして勝は、幕府内でこの件について猛反対している。このことから、小栗上野介は、「日

本の土地を担保に外国から巨額の借金をしようとしていた」と言われるようになったようである。

昨今では、小栗上野介を再評価しようという動きもあり、「小栗上野介が日本を植民地化の危機にさらしたというのは誤解である」という主張も増えている。

が、それは、**「小栗をかばい過ぎ」**というものである。

小栗が、フランスから600万ドルの借款をしようとしていたことは、紛れもない事実である。またこの借款計画は、幕府の崩壊によって流れたので具体的な担保の設定は行なわれていない。そのため、**「無担保だった」**という研究者もいる。

しかし、これほど巨額な借款が無担保で行なわれるということは、当時の商慣習としてはありえないことである。担保設定については、現在、記録が残っていないだけであり、普通に考えて、担保は確実に設定されているはずだったと思われる。

そしてどうやら**この600万ドルの借款は、北海道を担保にされていた**ようである。詳しい記録はほとんど残っていないが、フランス側が借款の条件として、北海道の鉱山の採掘権などを提示していたことはわかっているのだ。

当時、国土を担保にして、欧米諸国から金を借りるということは、非常に危険なことだった。

欧米諸国がアジアに侵攻する場合、あからさまに軍事侵攻するようなことはあまりなかった。巨額の借款などを行い、その代償として様々な経済的な利権を獲得することで徐々に侵攻し、植民地化していくというパターンが多かったのだ。

アジアの国々の多くは、欧米から多額の借金をして立ち行かなくなり、国を蹂躙《じゅうりん》されていったのである。

たとえば清《しん》は外国銀行（香港上海銀行）からの借り入れを繰り返したため財政が悪化し、国の崩壊の要因となっている。

清は1867年に欧米から最初の借款をした。新疆地区のイスラム教徒の反乱を鎮圧するために、120万両（40万ポンド）をイギリスから借款したのだ。利子は年利28％という高利であり、返済期限は6か月、担保は海関税（関税）だった。

それ以来、清は政権崩壊までに莫大な借金を積み上げた。

清の借金の方法は、主に関税収入を担保とする、というものだった。そのため税関は、諸外国に握られ、徴収された関税は、借金の返済、諸経費を差し引いた残額が清朝政府に渡される、という屈辱的なことも起きていた。また清の主な貿易地だった上海は、欧米の植民地同然となってしまっていた。

こういう情報は、それなりに日本の知識階級や志士たちには知られていたのだ。そのため、小栗のこのフランスからの借款計画は、勤王の志士たちの反発を招くことになった。

これ以降、尊王攘夷運動、討幕運動が活発化することになる。

フランスからの円借款は、第二次長州征伐で幕府が敗れたことなどから、暗礁《あんしょう》に乗り上げた。第二次長州征伐については、詳しくは後述するが、幕府が長州藩を征伐するとして軍を動員して、長州藩から逆に返り討ちにあってしまったのである。この幕府の敗北により、フランスとしても、巨額の借款に躊躇するようになったのである。そして、借款の再交渉を進めようとしているときに、幕府が瓦解《がかい》したのである。

もし、この借款が成立していれば、北海道は、フランスに持っていかれていたかもしれないのである。

ちなみに明治維新期の小栗上野介は、鳥羽伏見《とばふしみ》の戦いの後、自らの所領である上野国群馬郡権田村に引き上げていたが、慶応4（1868）年閏4月、東善寺にいるところを、官軍の東山道先鋒総督府軍に捕えられた。

小栗は、取り調べも行なわれず、弁明などの機会が一切与えられないまま、わずか2日後に、烏川の水沼河原で斬首された。幕府の最高幹部がこのような形で、処刑されたのは小栗上野介だけである。

　同じく幕臣だった勝海舟や榎本武揚、大鳥圭介らが、維新後、新政府に重用されたのとは、雲泥《うんでい》の差だといえる。

　しかも小栗上野介は、鳥羽伏見の戦い以降は、一切の旧幕府軍の戦闘に関与していない。最後まで徹底抗戦をした榎本武揚らが許されたのと比べると、その措置には明らかに不公平がある。官軍（新政府軍）にとって、小栗上野介はそれだけ**「恐ろしい人物」**であり、恨みの対象にさえなっていたということであろう。

第5章

長州征伐でついに幕府が財政破綻

長州征伐

幕末の大きなターニングポイントに**「長州征伐」**がある。

長州征伐というのは、「鳥羽伏見の戦い」「戊辰戦争」の前哨戦のような戦いだったといえる。そして、実は幕府が倒れる決定的なダメージというのは、長州征伐だったとさえいえるのだ。

なぜなら、長州征伐での敗退により、幕府は大きく威厳を損なうとともに、財政的にも破綻同然になってしまったからだ。

長州征伐は、2回行われている。

第一次長州征伐は、元治元（1864）年、尊王攘夷で暴走した長州に対し、幕府や薩摩、会津が反発、大軍を擁して長州に進軍したものである。このときは、長州が家老3人を切腹させるなど恭順の意を表したために、ギリギリのところで戦争までには至らなかった。

しかし、この直後、長州藩でクーデターが起きた。

長州藩では、幕府への恭順のため尊王攘夷派が一掃され、藩の実権は守旧派が握った。これまで長州藩は、高杉晋作や、木戸孝允らの活動によって、日本の尊王攘夷運動をリードしてきたが、その流れが止まることになったのだ。

高杉晋作は肺結核の療養中の1867（慶応3）年5月17日に死去。享年29（満27歳没）。写真は奇兵隊士の墓

それを良しとしなかった高杉晋作が手持ちの兵わずか80人を率いて挙兵したのである。

当時、長州藩全体が守旧派に傾いており、高杉の動きに同調する者は少なく、高杉が創設した奇兵隊からの参加もほとんどなかった。伊藤博文が数十名の手勢を率いて参加した程度であり、総勢でも100名前後だった。

が、高杉は長州藩の軍艦を奇襲して奪取するなど、ゲリラ戦で藩の正規軍を翻弄した。やがて、高杉に同調する者も増え、藩の正規軍との戦いに次々に勝利を収めた。ついに藩主によって講和が行われ、クーデターは成功した。

この長州藩のクーデターに気づいた幕府は、再度、長州征伐を行なうことを決定した。

これが、第二次長州征伐である。

そして、この第二次長州征伐では、幕府は手ひどい敗北を喫してしまう。

それが、幕府の財政破綻を招き、徳川政権の崩壊へとつながるのである。

武器のあっせん

第二次長州征伐では、その準備段階において、薩摩藩と長州藩の同盟が結ばれることになった。

ご存知のように、この薩長同盟は明治維新の大きな原動力となった。

その背景には、実は経済があるのだ。

その経緯を説明したい。

当時、長州藩は、四か国戦争で藩の海軍はほぼ壊滅状態となっていた。だから急いで対幕府戦争の準備をしなくてはならなかったが、これがなかなか進まなかった。

幕府が、西洋諸国に働きかけて長州藩の対外貿易を禁止していたのだ。西洋諸国側も、フランス公使ロッシュの発議で、**「長州藩との密貿易を禁止する」**という覚書を交わしていた。

そのため長州藩は、武器の調達に苦労していた。

長州藩は、長崎に役人を派遣し武器を買おうとするが、諸外国の武器商人たちは長州藩に武器を売ろうとはせず、なかなかうまくかない。

そんなとき長州藩の木戸孝允が、非常に有益な情報をキャッチする。

当時、木戸孝允は、長州藩の事実上の家老格だった。

高杉の挙兵成功により、長州藩の実権はクーデター側が握ったのだが、高杉は政治の中枢には座らず、代わりに木戸孝允を座らせたのである。

木戸は、土佐の浪人、坂本龍馬が長崎で「亀山社中」という貿易商社のようなものをつくっており、そこに頼めば長州藩が外国から武器を買えるかもしれない、という情報をつかんでいた。

木戸孝允は、坂本龍馬とは旧知の仲である。

木戸孝允から長州藩の窮状を聞いた龍馬は、「亀山社中ならば武器の購入ができる」と持ち掛けてきたのだ。

亀山社中の取引は、巧妙だった。

亀山社中は、薩摩藩の了解を取って、薩摩藩の名義で外国商人**（主にグラバー商会）**から武器を買うことにしていた。そうして亀山社中が買った武器を、長州に流したのである。

つまり、薩摩と長州の間に、亀山社中が入ることで、長州藩が外国から武器を買うことを可能にしたのだ。

外国商人としても、長州との密貿易禁止の取り決めを犯すことなく、安心して亀山社中に武器を売ることができたわけである。

薩摩藩は、ついこの前まで幕府と組んで長州藩を追い落とした側だった。

しかし、薩摩藩としても、**「幕藩体制を壊して新しい日本をつくらなければならない」**という意識は持っていた。そのため、長州藩との関係を修繕させる方法を探っていたのである。

そして、この取引が薩摩藩と長州藩のこじれた関係を修復させ、薩長同盟につながるのだ。

長州藩は、この亀山社中を通した取引により、当時の日本では最新鋭となる銃7300挺（ゲーベル銃3000挺、ミニエー銃4300挺）を入手できた。ミニエー銃は、これまでの銃と比べると、各段に飛距離、命中精度、装弾速度などが向上していた。旧式の銃が主流だった幕府に対して、長州藩はこのミニエー銃により、優位に立てたのである。

またユニオン号という軍艦も、亀山社中の斡旋で購入している。

長州藩としては、これで対幕府戦争の準備は整ったというところである。

龍馬は本当に薩長同盟の仲立ちをしたのか？

薩長同盟は、慶応2（1866）年の正月に成立した。

この薩長同盟により、幕府の衰退に拍車がかかり「明治維新」への扉が開かれることになる。翌年には幕府が**大政奉還**をし、朝廷から王政復古の大号令が出された。

歴史的に大きな転換機となったこの薩長同盟だが、これを仲立ちしたのは、坂本龍馬、中岡慎太郎ら浪人たちなのである。

歴史家の中には、

「龍馬が薩長同盟の仲立ちをしたというのは嘘である」

「龍馬は、メッセンジャー的な働きをしていたに過ぎず、実際は、薩長両藩の首脳同士で話はできていたのだ」

というような主張をする人もいる。

司馬遼太郎の『竜馬がゆく』の影響で、坂本龍馬が幕末のヒーローとしてクローズアップされた反動で、特に近年の歴史家は、「龍馬の果たした仕事は大したことではなかった」という論調を繰り広げることが多い。

そう言いたくなる気持ちもわからないではない。

一介の浪人が、薩摩、長州のような大藩同士の同盟を仲立ちするなんて、常識的には信じがたいことである。小説のネタとしても、あまりに劇的過ぎてつまらないといえるだろう。

が、龍馬が、薩長同盟で仲立ちをしたことは、まぎれもない事実なのである。

それは、長州藩側の公式記録に明確に残っているのである。

龍馬は所用があったため薩長同盟の会合には最初からは参加できずに、10日余り遅れて参加した。

龍馬が京都に到着し長州の木戸孝允に会合の状況を聞いた。

「両藩の誓約の内容はどんなものか？」

しかし、木戸はこう答えた。

「特に誓約したものはない」

龍馬は、驚いて木戸に問いただした。

「今まで、君たちは何をしていたんだ」

木戸は答える。

将軍・徳川慶喜が諸藩重臣に大政奉還を諮問した二条城

「毎日、会食をしていた」

龍馬が、「なぜ、誓約をしてないのか」と問うと、木戸は「長州藩から盟約のことを言い出せば、長州藩が薩摩藩に頼ることになる。それは長州藩の体面上、できない」と。それを聞いて龍馬は怒鳴った。「この期に及んで、藩の体面を考えている場合か！」と。

しかし木戸は「明日、帰る」という。

当時、幕府と一触即発の状態にあった長州藩としては、

「自分から同盟を持ち出せば、いたずらに薩摩を巻き込むことになる」

「長州藩が滅びても、薩摩藩がいれば尊王攘夷

をまっとうしてくれるだろう」

というのである。

それを聞いた龍馬は、それ以上は木戸を責めず、薩摩側から条約の締結を持ちだすように薩摩を説得したのだ。ここで、ようやく薩長同盟が締結されたのである。

このエピソードは、薩長同盟におけるもっとも有名なものである。司馬遼太郎の『竜馬がゆく』にも出てくるし、龍馬関係の小説、映画、ドラマなどでは、必ずクライマックスに描かれるものである。

今、反芻《はんすう》しても、あまりに出来過ぎたエピソードである。こんな芝居のような出来事が本当にあるのか、と、疑いたくなる。そのために「龍馬懐疑派」の人たちも、事実として認めたくないのだろう。

が、このことは、維新関係の資料に、何度も明確に出てくるのである。

たとえば「木戸孝允覚書」には、薩長同盟のときに龍馬が次のような言葉を吐いたと記されている。

「この期に及んで、藩の体面を考えている場合か！　私が薩長同盟に奔走してきたのは、薩摩と長州のためではない！　天下のためを思って働いてきたのだ！」

「あなたたち薩長の要人は会同して10日以上になるのに、なぜ誓約をしていないのだ！過去の恨みは捨て去って、なぜお互いの腹を割って話し合いをしないのだ！」

〈原文〉
「余等両藩ノ為ニ挺身尽力スルモノハ決シテ両藩ノ為ニ有ラザル也。只天下ノ形勢ヲ想察シ寤寝モ亦安ゼザルモノ有リ。然ルニ兄等多事ノ際足ヲ百里ノ外ニ挙ゲ、両藩ノ要路互ニ会同シ、荏苒十余日又空ク相去ラントス。其意実ニ解ス可カラズ。区々ノ痴情ヲ脱却シ、何ゾ胆心ヲ吐露シ、大ニ天下ノ為ニ将来ヲ協議セザル」

つまりは、木戸孝允は、龍馬からこっぴどく叱られているわけで、小説や映画で語られてきたものと、ほぼ同様のものである。

この文書が掲載された「木戸孝允覚書」というのは、当然のことながら長州藩側の資料である。木戸としてはあまりカッコがよくないこのエピソードを、きっちり公式記録に残しているのだ。

しかもこの同盟の後、木戸が龍馬に対して**「盟約が真実であること」**を保障してくれるよう頼んだ手紙も残っているのである。木戸は、薩摩が裏切るのではないかという疑心を持ち、同盟がなされたという事実を、同席していた龍馬に証明してもらいたかったわけである。

その木戸の手紙には、

「戦争になった場合、お互いが助ける」

「薩摩は長州の着せられた汚名をそそぐように朝廷に働きかける」

など、同盟の条項を書き連ねてあり、龍馬に対し、

「将来のためにこの条項が事実であることを確認して欲しい、もし違っていたら訂正して欲しい」

と依頼している。

龍馬はそれに対して、

「ここに書かれた事は、小松、西郷、老兄（木戸のこと）、龍も同席した中で決められたことであり、毛ほどの違いもないことを神明に誓います」

と裏書きしているのである。

この龍馬の裏書きは、長州藩政府にも写しが送られており、公式記録として残っている。

ここまで明白な記録が残っている以上、事実として認めないわけにはいかないだろう。

長州藩が幕府軍を返り討ちにする

慶応2（1866）年、ついに幕府が大軍を率いて、長州に攻め入ってきた。

この第二次長州征伐は、長州藩の圧勝に終わった。

兵数や海軍力では幕府側が圧倒的に勝っていたが、長州藩は少数ながら最新の武器を入手し、士気も旺盛だった。

一方、幕府軍には士気がなく、全戦線において消極的だった。

第二次長州征伐は、長州藩を取り囲む4つのルートで行なわれた。そのため、長州では、この戦争のことを四境戦争と呼んでいた。

四境とは、小倉口（関門海峡）、安芸口（広島方面）、石州口（津和野方面）、大島口（瀬戸内海方面）である。

長州藩は、この4つのいずれの方面でも幕府軍の侵入を許さず、小倉口方面などでは逆に幕府側に攻め込んだ。

関門海峡を渡って九州に上陸し、小倉城下を占領し、小倉藩との講和で企救《きく》郡（今の北九州市一帯）は長州藩の預かりとなったのである。

この第二次長州征伐では戦意を失った幕府が朝廷に働きかけ、将軍家茂《いえもち》の死去を理由に停戦の勅令を出させた。

幕府の敗北は明白であり、幕府の威厳は地に落ちた。

この後、倒幕運動はさらに加速し、大政奉還、明治維新につながっていくのだ。

下関を制圧した長州藩

この第二次長州征伐では、坂本龍馬の亀山社中も戦闘に参加している。

そして下関海峡をはさんだ両岸の制圧に成功しているのだ。

これは、幕府の財政破綻を決定づけることになる。

その経緯を説明したい。

陸戦で敗退を重ねていた幕府側は、自慢の大艦隊で海上から攻撃しようとしてきた。

そのため長州も軍艦を持ち出し、幕府艦隊をけん制しようとした。このとき坂本龍馬は高杉晋作から頼まれて、桜島丸という長州の軍艦に乗り込み、長州を援護したのである。

慶応2年6月16日夜半、高杉と龍馬の連合艦隊は出航した。長州軍は、丙寅《へいいん》、桜島、癸亥、庚申、丙辰の5隻の軍艦があった。しかしそのうち蒸気船は丙寅、桜島の2隻のみだった。この2隻がほかの3隻を曳航《えいこう》することにした。

丙寅丸には高杉晋作が乗り込み、桜島丸には龍馬が乗り込み、艦隊を二手に分けた。

高杉艦隊は北九州の田ノ浦港（現在の門司）に迫り、龍馬艦隊は巌流島の方面に向かった。関門海峡の九州側の出っ張りを、高杉艦隊と龍馬艦隊ではさみ、長州陸上部隊の九州上陸作戦の援護をしたのだ。


この小倉口の戦いは、幕府側は完全に不意をつかれた。

小倉口方面の戦力は、数の上では圧倒的に幕府側が勝っていた。幕府側は豊前小倉藩を中心に、肥後細川藩、久留米有馬藩、柳川立花藩、それに幕府兵も加わっていた。

幕府側はよもや長州が、相手領内に攻めこんでくるとは思っていなかったのだ。奇襲に動揺した小倉軍は、大混乱した。

幕府は富士山丸という排水量千トン（桜島丸は300トン）の巨艦を擁しており、海軍戦力を比較した場合は長州側が圧倒的に不利だった。富士山丸は、百斤砲1門、三十斤砲8門をはじめ大砲12門を搭載していた。この船が本気で襲いかかってくれれば、長州側はひとたまりもない。

そのため高杉晋作は、富士山丸の目をくらませるために、長州の軍艦に外国船の旗を使ったり、夜襲をかけたりした。

その効あってか、富士山丸には戦意がなく、たまに軍艦同士が撃ち合う海戦になっても、途中で引き返したりしていた。そのため長州藩は、難なく小倉への上陸作戦を成功させ、幕府軍を北九州から駆逐した。

龍馬は、兄の権平への手紙の中で、「敵は戦《いくさ》の方法を知らず、攻めてこなかったので幸運だった」と述べている。

この戦争で小倉藩は、自ら小倉城に火をかけ筑豊方面まで撤退した。長州藩は小倉城下を占領し、小倉藩との講和で企救郡（今の北九州市一帯）は長州藩の預かりとなった。

つまり長州藩は、関門海峡を挟む両側を領有することになった。

それは、幕末の日本経済に大きく影響することになったのだ。

関門海峡を封鎖する

前項で述べたように、第二次長州征伐により、関門海峡は完全に長州藩の管理下に入った。

坂本龍馬は、この時期、関門海峡でとんでもないことを計画する。

関門海峡を封鎖しようとしたのである。

薩摩藩と長州藩の後ろ盾を受けて、「下関商社」というものをつくり、下関を通る船をチェックし、貿易の管理をしようとしたのだ。

当時の関門海峡というのは、日本の一大物流拠点だった。

九州一円からの積み荷だけではなく、長崎で輸入された外国製品なども、大坂や江戸に運ばれる際は、関門海峡を通っていた。

また北陸地方からの積み荷もいったん、関門海峡まで下って大坂や江戸に運ばれていた。当時の運輸の中心は船であり、北陸から陸路で直接、大坂や江戸に運ばれることは少なかったのだ。

関門海峡は、世界貿易におけるスエズ運河のような存在だったのである。

この関門海峡を封鎖しようというのである。

日本経済における影響は計り知れない。

龍馬と薩長の「下関商社」計画の具体的な内容は次のようなものだった。

「関門海峡を通る船を検問し、幕府への武器などを積んだ船は、積み荷を没収する」

「関門海峡を通る船の積み荷を下関商社で預かり（買い取り）、大阪、江戸などの市場価格を調べ、もっとも利益が上がるときに、運搬して売却する」

つまり龍馬たちは、この関門海峡を押さえ、日本の物流を一手に引き受けようとし、また幕府が貿易で太るのを阻止しようとしたのだ。

慶応2（1866）年11月下旬、薩摩藩士五代友厚、長州藩士広沢兵助と、龍馬との間で、次のような6か条の「商社示談箇条書」がまとまった。

一、薩摩、長州などの藩名は表に出さず、下関商社の名前で活動すること
一、お互い印鑑を交換しておくこと
一、商社の会計は公明にし、利益は折半にすること
一、薩摩藩の藩旗を立てた船を3、4艘、用意すること
一、下関を通過する船はどんな船も（幕府の船であっても）、停止させ、積荷をチェックすること。これが、この商社でもっとも大事なこと
一、下関を通過する船は、25日前に社中に知らせること

もし下関商社が実現していれば、日本一円の貿易を取り扱う一大商社となるはずだった。

しかし下関商社の計画は決して評判のいいものではなかったようだ。

既存の海運業者たちは、自分たちの商売がやりにくくなることなので、当然、強く反発したのだ。

『維新土佐勤王史』（瑞山会）では、龍馬と下関商社のことを次のように述べている。
「右の商社創立以来は、西国筋商船の仲間に一大驚惶を惹き起し来りぬ、然るに坂本の添書を得る者は、容易に海峡を通過し得らるるにより、坂本は為めに各港の運漕業を営む問屋に対して、小海上王たる威権を有するに至りけり」
つまり、西日本の海運業者にとって、この商社の出現は一大恐慌だったのだ。龍馬の許可を得た船は、簡単に通過できるけれど、それ以外の船は、様々な手続きが必要となる、そのため龍馬は、西日本の海の小さな王のような、存在だったということだ。

この下関商社は、長州藩と薩摩藩が計画していたもので、龍馬はほとんど関与していなかったという説もある。『維新土佐勤王史』は、坂崎紫瀾《しらん》という小説家が書いたものであり、潤色も多いことがわかっている。だから、「小海上王」の話も、坂崎紫瀾が創作したもの、ということも考えられる、というのだ。

しかし、龍馬がこの時期から下関に居を構えるようになったことや、広沢兵助など、長州藩の商関係の役人と頻繁に接していることから、龍馬が下関商社の件にまったく関与していないとは、考えにくいところだ。

幕府を経済封鎖する

また実際に当時の関門海峡では、長州藩による通過船の検問は行なわれていたことがわかっている。

幕末の筑前浦廻船業者の日記『見聞略記』には、当時の関門海峡では、長州藩によって何度も停船させられ積み荷を検査される、もし無理に通過しようとすれば、鉄砲を撃ちかけられる、ということが記述されている。京都の近江商人が書いた日記『近江商人・幕末維新見聞録』にも、同様の記述がある。

また幕府の米を積んだ船は、積み荷を没収されたようである。

先ほどの『見聞略記』によると、幕府の米は18万俵までは関門海峡で没収されるという噂が立っていたそうだ。

長州征伐が始まる前、幕府は大阪の長州藩の蔵や、長州の商船を没収した。その損害額がだいたい18万俵に相当するので、その額に達するまでは長州も幕府の米を没収するというわけだ。

この関門海峡での幕府の米没収については、江戸の商人藤岡屋の日記にも「関門海峡を通過する廻船に積まれた幕府米は、没収され付近の者へ一升200文で売られている模様」と記されている。

一升200文というのは当時の米の価格から見れば破格の安値である。単に幕府に報復するだけではなく、領民にも還元しているわけである。彼らの行為は義賊的ともいえる。

下関商社が実際に活動していたかどうかは不明だが、このように関門海峡の封鎖は実際に行なわれていたのである。

その後、この下関商社は長州藩側の反対に遭い、立ち消えになっているとされている。下関商社の存在は、既存の廻船業者に与える影響が大きかったので、長州藩としては躊躇せざるを得なかったのだろう。

しかし龍馬は、この時期から住居を下関に海援隊の支店も置いている。今後は下関を中心にして、海援隊の事業を展開しようとしていたことは確かのようである。

ちなみに明治維新後は、下関商社に反対した瀬戸内海の既存の廻船業者たちは、ほとんど姿を消した。蒸気船が海運の中心になったので、これまでの和船の業者では太刀打ちできなくなったのだ。そして瀬戸内海の新しい海上王として君臨したのは、かの岩崎弥太郎なのである。

幕府の財政破綻

前述したように、当時の幕府財政は火の車だった。

横須賀の造船所を建設するため、フランスから巨額の借金をしていたことは前述した。そのほかにも、蒸気船の購入費用、軍の洋式化の費用などで、諸外国から莫大な借金をしていた。

しかも、幕府は薩摩藩が起こした生麦事件でイギリスに10万ポンド＝44万ドル＝27万両を支払っていた。この生麦事件では薩摩藩にも賠償金10万ドル（6万3333両）がイギリスから課せられたが、これは幕府が立て替えて支払った。そして薩摩藩はそのまま支払わなかった。

それらの経費がかさみ、幕府は長州征伐のときの軍費にも事を欠く始末だった。

そのため、幕府はこれまで課税してこなかった寺社や町人たちに献金や御用金を命じた。

慶応元（1865）年5月、諸国の寺社に献金を命じ、同時に江戸の町人に御用金を課した。さらに第二次長州征伐の資金として、大坂の商人たちに700万両の御用金を課し、銀17万8778貫目を徴収した。

しかし、幕府は第二次長州征伐に敗れてしまう。
そして下関海峡を封鎖され、天領からの年貢米の納入さえままならない状態だった。

また、前述したフランスからの借款の話も、第二次長州征伐以降に、急にしぼんでしまった。フランスが急に態度を変えて、難色を示すようになったのだ。フランスとしても、長州藩に敗れた幕府を見て、**「今、幕府に金を貸すのはまずい」**と踏んだのだろう。

幕府は、フランスのパリ万国博覧会に幕府使節を派遣し、借款の交渉をもちかけようとしたが、話は進まなかった。

ここで、幕府の財政破綻は目前となったのである。

もう幕府は、他の藩と戦争をする金などはなかったのだ。

戊辰戦争・鳥羽伏見の戦いの銃痕が残る伏見の料亭

この直後、幕府は大政奉還をし、政権を朝廷に返上する。

そして「鳥羽伏見の戦い」の後は、圧倒的な兵力を持っていながら、最後の将軍、徳川慶喜は江戸に逃げ帰り、恭順の意を示す。

これは実は幕府の財政破綻が大きな要因だと考えられるのだ。

第6章

大政奉還と戊辰戦争の金勘定

幕府が大政奉還をした経済的理由

慶応3（1867）年10月14日、幕府は大政奉還を行なう。

大政奉還とは、徳川幕府が朝廷から委任されてきた日本の政治運営を朝廷に返還するというものだった。そうでもしないと幕末の騒乱は収まりそうにないと、幕府は踏んだのである。

実は、この大政奉還は、かなり以前から、当時の志士や有識者の間では議論されてきたものなのである。

たとえば幕臣である勝海舟も、大政奉還論者だったのである。文久3（1863）年には、江戸城の大広間で将軍職の返還を提言したこともある。また同年に、幕臣の大久保忠寛も、幕府政治総裁職の松平春嶽あてに大政奉還を献策する内容の手紙を送ったこともあった。

しかし、この大政奉還は、実現が非常に難しいものでもあった。鎌倉幕府以来、700年近くも続いてきた武家政権が、そう簡単に終焉するはずはない。当時の人々にとって、大政奉還など驚天動地のことだったのだ。

現代の我々に置き換えてみると、大政奉還がいかに重大なことだったのかわかるはずだ。今の日本という国家は、第二次大戦の敗北によってその仕組みがつくられた。しかし、我々は、今の日本という国家の仕組みが、未来永劫続くかのように思っている。日本人の多くは、日本の仕組みが根底から変わってしまうなどということは、夢にも思っていない。このように、たかだか約70年前にできたものでさえ、完全に**「当たり前のもの」**となっているのだ。江戸時代の人々は、250年前にできた徳川政権が転覆するなど、よもやあり得ない、と思っていたはずだ。

特に、幕府側にいた人間にとって、幕府の世が終わるなどということは、到底、考えられな

慶応3年10月14日、京都二条城黒書院で執り行われた大政奉還。頓田丹陵・筆（明治神宮外苑聖徳記念絵画館壁画。侯爵徳川慶光奉納）

かったはずだ。

が、土佐藩から献策されたこの「大政奉還」を、幕府は結局受け入れたのである。それは、ご存知のように坂本龍馬や土佐藩の並々ならぬ尽力があってこそのことである。それと当時に、経済面も大きな要因だったと思われる。

前述したように、幕府経済はもはや破綻寸前だった。ペリーの来航以降、幕府は国防などで巨額の出費をしていた上に、諸藩の外国に対する不祥事のためにも、たびたび巨額の出費を強いられた。

その最たるものは、生麦事件と四か国戦争である。

生麦事件とは、薩摩藩が大名行列を横切ったイギリス人たちを斬殺したものである。この生麦事件で、幕府はイギリスに10万ポンド＝44万ドル＝27万両を支払った。

四か国戦争とは、長州藩が下関で欧米諸国の艦船に発砲したため、英米仏蘭の四か国と戦争になったものである。この四か国戦争の賠償金は300万ドルであり、幕府はそのうち150万ドル（約94万両）を支払っていた。

そして、第二次長州征伐でも、巨額の軍費を使った。

幕府の金庫は、もうほとんど底をついており、政権を維持できるほどの金はなかった。さらに、頼みのフランスにも見限られつつあった。

長州藩や薩摩藩が、討幕戦争を仕掛けてきた場合、それに応じられるほどの経済力はなかった。

そのため無理に政権を維持しようとしてボロボロになって崩壊するよりは、まだ幕府としての威厳を保てるうちに、政権を奉還しようということになったものと思われる。

朝廷にはまったく金がなかった

ところが、である。

この大政奉還に驚いたのは、実は**「朝廷」**だった。

朝廷内の公家たちは、自分たちが政権を担うことなどまったく想像していなかった。

岩倉具視や三条実美などの公家の一部は、討幕運動に関わっていたが、本当に幕府が倒れるにはまだしばらく時間がかかると思っていた。だから幕府が倒れた後の準備は、まだほとんどしていなかったのである。

朝廷にとって、**一番大きな問題は金**だった。

政権を担うには莫大な財源が必要だが、朝廷にはそれがまったくなかった。

大政奉還されても、日本の領地のほとんどは、幕府や諸藩が持ち続けていた。

江戸時代、朝廷は3万石を幕府から与えられていたというのが通説となっているが、実際はもっと少なかったようだ。

これでは、政治を動かすどころか、天皇や公家の生活費だけで精一杯だった。

大政奉還を受けた慶応3（1867）年には、朝廷の財政は、ほとんど底をつきかけていた。

というより、朝廷は長年の財政悪化が積み重なり、大政奉還が行なわれた慶応3年の暮れには、ほとんど持ち金がない状態だった。前年に逝去《せいきょ》した孝明天皇の一周年祭さえ、資金不足で開催の見込みがたっていなかったのだ。

そのため朝廷は、大政奉還直後に密かに幕府に献金を要請したりもしていた。

宮内御台所御用の戸田大和守に内命し、密かに徳川慶喜に献金を要請したのである。

幕府は、激しい尊王攘夷運動に押されて大政奉還をしたわけなので、朝廷に対して快く思っていない部分もあった。

だから、朝廷は幕府に献金の要請などしにくい状態だったし、幕府も朝廷の頼みは聞きたくない状況があった。

そのため、徳川慶喜は、

「城中が激昂しているので、献金は難しい」

と返答した。

それに対し戸田大和守は、

「先帝の一周年祭も近いのに、財政不足でできない」

と実情を説明した。

それを聞いた徳川慶喜は驚き、勘定奉行並に命じてとりあえず千両を献金させ、京都の代官に命じ、天領の貢納金から5万両を献金させた。

当時は、朝廷派と幕府擁護派とが政権委譲の条件をめぐって対立していた時期なので、この件は公表されていなかった。

つまり維新直後の新政府（朝廷）というのは、とにかく金がなかったのだ。

大政奉還の後、朝廷は各藩の代表に対して上洛するように求めた。しかし諸藩は、幕府の顔色をうかがいつつ、事態の推移を見きわめようとしており、朝廷の上洛の求めに応じる藩は少なかった。

慶応3（1867）年の11月中には上洛したのは薩摩藩、安芸藩、尾張藩、越前藩だけであり、12月になってようやく土佐藩が上洛した。

慶応3年12月9日、京都御所小御所での王政復古。島田墨仙・筆（明治神宮外苑聖徳記念絵画館壁画。侯爵松平康荘　奉納）

公卿の岩倉具視を中心に、**この5藩の代表によって「新政府」の原型のようなもの**がつくられた。

そして、大政奉還から2か月後の、慶応3（1867）年12月9日に、王政復古《おうせいふっこ》の大号令を発した。

それと同時に、薩摩藩、土佐藩、安芸藩、尾張藩、越前藩の5藩の藩兵が京都の御所の警備についた。事実上、御所を封鎖したのである。

当初、この新政府は徳川慶喜に対し「辞官納地《じかんのうち》」を求めた。

「辞官納地」というのは、徳川慶喜に対し、朝廷での官職である内大臣を辞職させ、徳川家の領地を朝廷に返納させよう、ということである。

先ほども述べたように、新政府には財源はほとんどない状態であり、幕府から政権を引き継ぐのであれば、幕府の財源も引き継がないと意味がない。財源がまったくない状態では、政権運営などできるわけはないからだ。

しかし、この「辞官納地」については各藩の代表の中でも意見が分かれるところとなった。土佐藩の山内容堂などは、

「徳川家が領地を返納するのであれば、諸藩も返納しなければ道理が立たないのではないか」

と主張した。

討幕運動の先頭に立っていた薩摩藩は、幕府の権力、財力を奪いたかったが、他藩の賛同を得るためには妥協しなければならなかった。そのため、とりあえず徳川家の400万石のうち、200万石を朝廷に返納させようという話になった。

12月10日、親藩である越前福井藩の藩父（藩主の父）松平春嶽と、同じく親藩である尾張藩の藩主、徳川慶勝が、徳川慶喜に返納のことを説得しに行った。

それに対し徳川慶喜は、

「幕府は400万石と言われているが、現在の実態は200万石であり、200万石を差し出せば、ほとんど全部を差し出すのと同じである。これには城中の説得も必要なので、時間が欲しい」

と回答した。

この回答は、ごくまっとうなものだったといえる。徳川家の領地というのは、徳川家だけのものではなく、幾万人の武家たちの生活に直結するものである。急に領地を返納することなどは現実的に難しいということは、諸藩もわかっているはずだった。

そのため、最終的には、「徳川家を含む諸藩が石高に応じた拠出をして、新政府の財源とする」というところまで新政府の案は譲歩された。

金策に悩む朝廷

徳川家の領地返納がうまく進まなかったため、新政府は独自の財政資金の調達を模索することになった。

12月23日には、金穀出納所（のちの大蔵省）を創設した。

この金穀出納所には、越前福井藩の三岡八郎（のちの由利公正《ゆりきみまさ》）、名古屋藩の林左門（のちの安孫子六郎）を参与（責任者）に据えた。

当時、朝廷は先帝没の一周年祭の費用として26万両が必要だったが、前述したようにほとんど蓄えはない。

そのため、12月26日の深夜、金穀出納所に京大坂の大商人を集めた。

「朝廷は、幕府から大政を返上されたが、会計方（財源）の引き渡しはされていないので朝廷には金がまったくない。これからは朝廷が国の政治を司ることになったし、幕府との戦争になるかもしれないので、諸経費、軍事費が必要である。勤王のために献金しろ」

と命じた。

しかし、京大坂の商人たちは、「朝廷に大政が返上された」と言われても、すぐにはいそうですか、ということにはならなかった。

なにしろ267年もの間、徳川幕府が政治を行なっていたのである。これまで商人たちは幕府の言うことを聞くことで、商売を成り立たせていた。幕府の世が終ったことなど、そうそう信じられるものではなかった。

このときには大商人だった三井家、島田家、小野家が各千両ずつ献金し、年内に献金されたのはわずか2万両足らずだった。

翌1月末までに献金されたものは、金3万8015両、大判10枚、銀410枚、銀3貫500目、銭1貫900文、米1245石、綿120把、炭200俵、草鞋《ぞうり》1万足だった。

これでは、政権運営費用どころか、先帝没の一周年祭の費用にさえ全然足りない。

「財源をどうにかしなければならない」

と金穀出納所が頭を悩ませていたときに、さらに巨額の金が必要となる出来事が生じてしまった。

「鳥羽伏見の戦い」

が勃発したのである。

なぜ「鳥羽伏見の戦い」が起きたのか？

大政奉還で、幕府は政権を返上したはずなのに、その直後に鳥羽伏見において官軍と旧幕府軍が戦うことになった。

その理由については

「大政奉還の後、どうしても幕府を倒したい薩摩と長州が強引に開戦に持っていき、鳥羽伏見の戦いが起こった」

というふうに見られがちである。

が、**大政奉還から鳥羽伏見の戦いに至るまでは、それほど単純な経緯ではない。**

前述したように、大政奉還の後、曲がりなりにも新政府の形はできていた。

そして新政府は、徳川家に対しての領地返納に関して、徳川家の事情を配慮してかなりの妥協をしていた。

もし徳川家が、新政府の命令を快く受け入れていれば、鳥羽伏見の戦いは起きなかったかもしれない。

しかし当時、旧幕府陣営では、薩摩藩や長州藩に対する憎悪がかき立てられていた。

それまで、薩摩藩や長州藩は、朝廷を動かすなどして幕府を窮地に追い込み、さんざん討幕運動を繰り広げてきていた。

また薩摩藩は、江戸において多くの浪士を匿っており、それらの浪士が江戸各地で放火や略奪などの狼藉を働いていた。

慶応3（1867）年12月25日、江戸警備を担当していた庄内藩がついに堪えきれず、江戸の薩摩藩の藩邸を襲撃する事件が起きた。そして、この事件が京都に伝わり、京都方面にいた旧幕府軍も大いに憤慨することになった。

その怒りが収まらず、翌慶応4（1868）年1月3日、旧幕府軍は「薩摩藩の罪状を朝廷に訴える」という形で京都御所に入ろうとした。それを阻止しようとした新政府軍（主に薩摩藩兵、長州藩兵）と戦闘になった。

それが鳥羽伏見の戦いの発端なのである。

つまりは徳川慶喜としては、薩摩藩らと戦闘するという明確な意思を持って戦いを始め

薩州兵と会津兵が高瀬川の堤で大砲戦を展開した「高瀬川堤薩州兵大砲戦」（『錦之御旗-戊辰戦記画』保勲会）

たわけではない。

また薩摩、長州側も、まだ討幕戦を行う覚悟が明確に固まっていたわけではない。

というのも、この時点で、討幕戦を行なった場合、薩摩、長州側はかなり不利だったからだ。

鳥羽伏見の戦いの直前の慶応4（1868）年1月時点で、旧幕府側は1万5千の兵力を京都周辺に配備していた。

それに対し、討幕軍の主力だった薩摩、長州の総数は4500人前後だった。長州藩は、大政奉還のすぐ後に、朝敵の汚名をそそがれ、すでに京都に兵を置き始めていた。それでも大々的に派兵するわけにはいかなかったのだ。

御所を守っていた他の4藩（土佐藩、尾張藩、越前藩、安芸藩）は、旧幕府と薩長が戦争を始めた場合、まだどちらにつくかはっきりわからなかった。薩長につかず、旧幕府側につく可能性もあったのだ。

そのため倒幕派公家の中心だった岩倉具視らは、倒幕戦に慎重な姿勢だった。

西郷隆盛は、いざとなったら、幼い天皇（明治帝）を山陰道から長州方面へ脱出させ、岩倉具視を倒幕将軍として比叡山に立てこもらせ、諸藩に号令するという作戦計画まで立てていた。そのくらい薩長軍のほうが数の上では劣勢だったのである。

鳥羽伏見の戦いは、そういう状況の中で起こったのだ。

が、いざ、戦闘が始まると、薩長側の圧勝だった。

第二次長州征伐のときに露呈したように、旧幕府軍は旧式の武器が多かった。それに対し薩摩長州側は、欧米との戦闘なども経験しており、最新式の武器を用意していた。

また旧幕府軍側には、明確に戦闘するという意思はなかったようで、行軍時に銃に弾を込めていなかった部隊もあった。しかし薩摩長州側は、いつでも戦闘する用意はできていたのだ。

そして、薩摩長州が討幕のために以前から準備していた「錦の御旗」が掲げられ、「官軍」

であることを示すと、これまで様子見をしていた諸藩も、せきを切るようにして「官軍」に加わった。

戦費のめどがついてなかった戊辰戦争

薩長や岩倉具視らは、討幕戦についてはかなり以前から準備をしていたが、兵站《へいたん》はほとんど無計画だった。

というより、兵站の準備をしたくても、薩長は、これまでの幕末の動乱で、巨額の資金を使い果たし、お金がほとんどない状態だったのである。

鳥羽伏見の戦いから1か月以上もたった慶応4（1868）年2月9日、有栖川《ありすがわ》親王が大総督となり、官軍の江戸や東北地方などへの鎮撫《ちんぶ》作戦が始まる。

戦争の定石からするならば、勝ったらすぐに掃討戦に移行するべきである。官軍は鳥羽伏見の戦いで圧勝したのだから、すぐに旧幕府軍のいる江戸へ向かうべきだった。なのに、なぜ1か月も京都で滞留していたのか？

金がなかったからである。

官軍は、薩長や土佐などの寄せ集めである。

鳥羽伏見の戦いまでは、各藩の準備していた兵糧や武器で賄うことができた。しかし、それ以上の遠征となると、各藩の財政では賄いきれない。官軍は、大急ぎで軍資金をどうするか話し合ったが、経済に強い者がほとんどいない。

そのため、1か月もの足踏みを余儀なくされたのである。

また一方の旧幕府軍のほうも、金銭的には非常にひっ迫していた。

鳥羽伏見の戦いの後、旧幕府陣営は大坂城に集結していた。当然のことながら、薩長に対する怒りは頂点に達しており、反撃の機会を窺《うかが》っていた。

しかし幕末の開国に伴う混乱で、幕府は蓄えをほとんど使い果たしていた。

しかも、前年に行なわれた第二次長州征伐では巨額の軍費を使いながら、長州藩に返り討ちにあった。何も得られなかったどころか、石見大森代官所領、浜田藩領、豊前小倉藩領の企救郡などからの収入（1万石以上）を失っている。

旧幕府軍は、反撃しようにも、もうその軍費はないというような状態だったのだ。

老中の板倉勝静《かつきよ》の側近だった神戸謙次郎は、旧幕府軍の大坂での在留経費が1日7～8千両に及ぶということに仰天している。そして主君の板倉勝静に対し、

「糧米が尽きれば斃《たお》れるしかないのじゃないか」

と諫《いさ》めた。しかし板倉勝静は、もう事態は止められないと答えたという。

旧幕府方の財政的なひっ迫は、当然のことながら将軍、徳川慶喜の耳にも入っていたはずである。

慶喜は、鳥羽伏見の戦いの後、大坂城でいったんは薩長との決戦の意を固めるが、すぐに翻意し、江戸にもどって恭順の意を表した。

これには経済的な理由もあったと思われる。

なぜ由利公正が会計責任者になったのか？

官軍では、福井藩の由利公正が財務の責任者となっていた。

由利公正は福井藩の藩士なのに、なぜ薩長土肥が中心の官軍にいたのか？

実は**坂本龍馬が招聘《しょうへい》した**のである。

２０１７年、龍馬に関するビッグニュースが流れた。

今まで発見されていなかった龍馬の手紙が見つかったのである。

しかも、その手紙は、慶応３（１８６７）年11月初旬に書かれたものとみられ、現存する龍馬の手紙の中では、最後に近いものなのである。

慶応3年11月といえば、龍馬の念願だった「大政奉還」が成った直後のことである。龍馬はこの大仕事を成し遂げて、真っ先に向かったのが、越前だということである。

幕府は朝廷に政権を奉還したとはいえ、まだ京都では、予断が許されない状況があった。薩摩藩と長州藩は武力討幕を画策していたし、幕府勢力には不満が蔓延していた。

そういう非常に微妙な時期に、龍馬は越前に向かったのである。

もちろん、当時は交通機関はないので、徒歩か馬である。どんなに急いでも、往復1週間程度はかかる。

また主な街道などはまだ幕府が治安を担当しており、幕府の敵だった龍馬が下手にうろうろ歩き回れば、捕縛されたり斬られる恐れもあった。

龍馬は大政奉還成功の余韻《よいん》にひたることもなく、そのような危険な旅路に出ていたのだ。龍馬にとって、越前にはよほど大事な用件があったはずである。

その用件とは一体なんだったのか?

越前福井藩士の由利公正を新政府に招聘することである。

なぜ龍馬は、わざわざ由利公正を招聘するためだけに、越前に自ら赴いたのか？

新政府をつくる準備のためである。

由利公正は、のちに政治家、財政家、実業家として活躍。子爵、麝香間祗候。東京府知事、貴族院議員などを歴任する

「大政奉還」がされても、朝廷は国政をつかさどるための準備はまったくできていなかった。武家に政権が委譲されてから、すでに700年近くがたっていた。政治を行なうための機関、人材は皆無といってよかった。「大政奉還」といっても、朝廷の世に戻るというより、一から国の態勢をつくっていくようなものだったのである。

大政奉還が決まってから、志士たちは、「国をつくる」という作業に取り組まねばならなかった。

それまで薩摩の西郷、大久保、長州の木戸などは、討幕運動に没頭しており、とても新国家の具体的なプランを描く余裕はなかった。新国家の具体的プランを明確に描いていたのは、志士の中では、龍馬くらいのものだった。

龍馬は、**「国の根幹は財政にある」**と考えていた。

強い国をつくって欧米の侵攻を防ぐためには、金が必要である。産業を育成し、国を富ませなければならない。

それにはまず新政府の財政をしっかり整えなくてはならない。

だから、財政を担うためのもっとも適した人物を招聘することが、龍馬にとっての国づくりの第一歩だった。

その財政を担う最高責任者として、龍馬は由利公正を招聘しようとしていたのだ。

だからこそ、大政奉還が成立するや否や、龍馬は危険をおして福井に出かけたのだ。

坂本龍馬が惚れ込んだ由利の経済手腕とは？

坂本龍馬と由利公正とは、旧知の仲だった。

坂本龍馬は、勝海舟の神戸海軍塾の塾頭をしているときに、資金援助してもらうために、福井に行った。その際に由利公正と知り合ったとされている。また龍馬が海援隊をつくって長崎にいたとき、由利公正も長崎にいたのでここでも接点があったと思われる。

由利公正は、幕末の越前藩で財政を担当し、財政再建に大きな功績があった。

越前藩は、長年、財政赤字に苦しんでいた。由利公正は、農民や商工人たちに、生産資金が不足しているということを見抜き、この資金を貸し付けるために、藩の信用創造で藩札5万両を発行し、生産者に貸し付けた。

そして生産者の生産性があがったところで、藩が生産物を独占的に買い取った。藩は長崎を初めとした通商ルートを開拓し、生糸、茶、麻などを海外に売り、海外から金銀貨幣を獲得した。彼が財政を担当して2、3年で、藩財政はみるみるうちに回復したのだ。

龍馬は、由利公正の財政に関する知識に惚《ほ》れ込み、以前から新政府ができたら彼を絶対に財政官に招聘したいと考えていたらしい。

佐々木高行の日記にも、龍馬が新政府にはぜひ由利公正を採用すべしということを述べるくだりがでてくる。

是より天下の事を知るには会計尤大事也。幸ひ越前藩三岡八郎（由利公正のこと）は会計に長じ候間、兼て咄合も致置き候事有之候。其御含にて同人を速に御採用肝要と申したり（慶応3年8月28日の佐々木高行日記より）

これを意訳すると、「天下のことを収めるには財政がもっとも大事だ。幸い、越前藩の三岡八郎（由利公正）という財政のプロパーと私は知り合いだ。彼には、新政府ができた際には出仕してくれるという話もつけている。なので、すみやかに彼を採用していただきたい」ということになる。

この日記からも、龍馬がいかに由利公正を買っていたかということがわかる。

龍馬は、大政奉還がなされると、すぐに、由利公正を新政府に推薦した。薩長同盟や大政奉還で、重要な役割を果たした龍馬は、新政府関連の人事にも強い発言力を持っていたのだ。

そして龍馬は由利公正を招聘するために、自ら福井を訪れた。

当時、由利公正は政争に敗れ、幽閉されていた。

由利公正の談話（『土佐維新回顧録』平尾道雄）によると、大政が奉還された直後、坂本龍馬が由利公正に会いにやってきたとき、越前藩は、大変慌てたようだ。龍馬は、倒幕派の巨魁《きょかい》と見られていたからだ。

越前藩政府は、由利公正に、「坂本龍馬が会いに来ているが、会うか？」と打診する。由利公正が、「会いたいが、政府は許すのか？」と反問すると、「あなたが会うのならそれでいい」と許可した。

龍馬と由利公正の面会は、藩の役人立会いのもとで行われた。これは、由利公正のほうから、余計な誤解を招かないように藩に申し入れたものだった。

龍馬は、大政奉還の経緯を由利公正に説明し、これから先のことを相談した。

由利公正が「慶喜公に戦争の意思はなくても、周りに承服しないものがあるので、戦争の用意は必要だろう」というと、龍馬が「用意はできていないし、金もない。その方法を君に聞きにきた」と答えた。

そして、新政府の要人として迎えたい、と語ったのである。

商人を招集して金をかき集める

鳥羽伏見の戦いの直後、新政府は東征の軍費に関する太政官会議を行なった。

由利公正も招集された。

由利公正は新政府にとって頼みの綱でもあった。

というのも新政府には戦費を算出し、そのお金をねん出するための財務専門家がいなかったのである。

この会議で、長州藩の広沢真臣が

「2〜3千両もあれば大丈夫だろう」と発言した。

それを聞いた由利公正は、

「そんなものではとても足りない。3百万両は必要」

と返答した。

由利公正は公債を発行し、商人に買い取らせることで、3百万両を調達しようとした。つまりは、商人に借りようとしたわけである。

慶応4年（1968年）1月29日、二条城の大広間に大坂、京都の商人130人が集められ、「300万両を拠出して欲しい」という太政官からの通達が発せられた。

鳥羽伏見の戦いの勝利により、以前よりも新政府の信用は増していたので、12月の献金命令のときよりは少し献金が増えた。

三井、小野、島田を為替方に任命して、利権を与えるなどが奏功したようである。為替方というのは、新政府のお金の預かる業務のことであり、いわば**「政府取扱い銀行」**のようなものだった。

三井、小野、島田は、他の商人に比べれば、当初から新政府に好意的だった。

特に三井は、明治新政府がこの国の新しい支配者になることを見抜き、恩を売っておこうとしたようである。この狙いは的中し、**三井家は政商としてのし上がっていく**ことになる。

2月11日の時点で、商人たちからの献金は20万3512両となっていた。

前回よりはかなり増額していたが、目標の300万両には遠く及ばなかった。それでも、もうこれ以上、大坂でぐずぐずしているわけにはいかず、江戸に進撃しなくてはならない。

そのため、官軍は軍費の算段がつかないまま、とりあえず進撃を開始したのである。

金がないまま進撃開始

官軍の進撃に先だち、朝廷（新政府）は2月7日、官軍の兵糧などに関する布告を出した。それは以下の通りである。

- **兵糧は進軍する沿道の諸藩が一時的に負担し、朝廷が後日返済する。**
- **幕府の貯蔵金穀を徴収して利用する。**
- **一般町人には一切負担させない。**
- **兵士の給料は泊駅白米4合金一朱。休駅は白米2合銭百文。**

つまりは、「とりあえず進軍経路にある藩に兵糧を負担させ、幕府の貯蔵金を没収して、それを返済する」ということである。

東海道や中山道で、官軍の進撃経路にあたる藩は、兵糧を負担するかどうかで、「官軍」

か「朝敵」かに判断されることになった。つまりは官軍に兵糧を提供した藩は、官軍の一員に加えられ、提供しなかった藩は、「朝敵」とみなされるわけである。

また新政府は、諸藩に対し1万石あたり300両を上納させた。この上納金に応じなかった藩も朝敵とされた。

朝敵となった藩は官軍から征伐されることになり、降伏した後には、さらに莫大な上納金を取られることになった。

江戸の無血開城は軍資金不足が原因だった

東征大総督有栖川親王が率いる東海道軍は、3月5日に駿府に到着した。

官軍の諸藩の軍営では、どこも軍資金の調達に躍起になっていた。しかし占領した駿府城をくまなく探しても1700両しかなかった。

先発部隊がすでに徴収してしまっていたのだ。

そのため東海道軍は、兵糧にさえ事欠く状態となった。

各軍営からは国元に、軍資金を送るように矢のような催促をしたが、一向に金は届かない。

明治元年3月14日、東京･芝田町薩摩藩邸での西郷隆盛と勝海舟「江戸開城談判」。結城素明・筆（明治神宮外苑聖徳記念絵画館壁画。侯爵西郷吉之助･伯爵勝精奉納）

そして、3月15日をもって江戸に総攻撃をするという命令が下された。

そんなとき、「徳川慶喜は朝意に従い、すでに謹慎している」という報が届く。

また、かの天璋院篤《てんしょういんあつ》姫《ひめ》をはじめ各所から、徳川を許すようにという哀願もあった。

そして、幕臣の山岡鉄舟《てっしゅう》が旧幕府軍の責任者となっていた勝海舟の使者として、官軍の総司令官だった西郷のもとを訪れ、江戸開城を申し入れてきた。

山岡鉄舟は、旗本の家に生まれながら、幕府の弱腰外交に憂慮しており、早くから志士活動に奔走していた人物である。薩摩藩の志士たちとも交流があり、西郷とも面識があったと思われる。ちなみに維新後は茨城県参事、侍従、宮内少輔など要職を歴任、明治20（1887）年に子爵を授けられた。

西郷は、この山岡鉄舟の申し入れを受けることにしたのである。

「西郷隆盛と勝海舟が江戸を戦火から救うために決断した」とされる「江戸開城」だが、実は、官軍側に江戸を攻撃できない経済的理由もあったのである。攻撃したくても、そのための**軍資金がなかった**のだ。

官軍は道中で食糧を買い求めるもその代金を払うことができず、山のような請求が来ていたのだ。

戦前の明治財政研究書の代表格である『明治財政の基礎的研究』（沢田章著・柏書房）には、「西郷、勝、両雄の大芝居もその内面においては軍費の欠乏が大に原因をなしていたことを考察せねばならぬ」と述べられている。

江戸城の無血開城が決まっても、官軍はすぐに江戸に入城することはできなかった。

なぜなら、金がなかったからである。

官軍は沿道の住民から兵糧などを調達した際に、その支払いができずにいた。そのため、**官軍は動きたくても動けない状態**だったのだ。

官軍は、京都の新政府の「会計局」に催促をした。

が、4月4日、新政府の会計局からは「本局はいたずらに会計の名有るも其の実なく送金できない」というような冗談のような回答がきた。

そして「後日返済するということで、軍票を発行してしのいでくれ」ということだった。

が、軍票はそう簡単には発行できず、結局、現地の商人たちに御用金を賦課《ふか》したり、沿道諸藩から徴収することでしのいだ。

4月15日、東海道軍は三井、小野、島田から3万両を調達、また同じく三井、小野、島田から1万両を借り受け、計4万両の軍資金を得る。この軍資金により、4月21日、ようやく江戸に入城できたのである。

江戸城を占領した官軍は、真っ先に金庫を探した。

しかし、江戸城にはほとんど金はなかった。官軍は大法馬金が1個あるとの情報を得ていたが、そんなものはどこにもなかった。

大法馬金というのは、前述したように幕府が蓄財していた金の分銅のことで、1個あたり41貫（約150kg）あった。万治年間にはこれが126個あったのが、天保年間には26個になり、慶応年間にはわずか1個に激減していた。その1個も、江戸開城時には見当たらなかったのだ。

当然のことながら幕府も、明け渡す城に金を置いて行けるほどの余裕はない。また西郷と勝との間で、江戸城の金品についての持ち出しの話はつけられていたという。この大法馬金は、実は勝海舟が別途に保管していたらしい。そして明治元年に旧幕臣、旗本たちが駿府に移るときに、百俵以下の禄の者たちへ給料として与えたという（『解難録』勝海舟より）。

江戸城が開城された直後、西郷隆盛は報告のため京都に戻った。

そのときに、徳川慶喜の死罪減刑などを朝廷に奏上した。それと同時に西郷は、新政府の会計局に、軍資金2万両、兵糧2万俵を催促した。しかし、会計局にはそんな蓄えはなかった。

やむをえず、西郷は手ぶらで前線に戻る羽目になったのだ。そのため諸藩は、それぞれで軍費を補わなくてはならなくなった。諸藩が、こぞって二分金の偽造を始めたのは、このころだったとされている（詳細は後述）。

江戸を占領しても軍費不足は解消できず

官軍の軍資金不足は、まだまだ続く。

江戸を占領した官軍は、金銀座の接収によって20万両を得た。が、これは和宮その他の賄い料として徳川に交付した。このほかに金銀座の役人から6万5000両の献金があった。

また江戸の富商に対して御用金賦課をしようとしたが、江戸の商人や町民はこれを拒否した。江戸の町人たちは、江戸の繁栄を築いてきた徳川幕府に恩を感じており、新政府にはまだ信用がなかったからである。

官軍は仕方なく、江戸、横浜の町会所が貯蔵していた金穀を徴収した。

官軍は金銀座で毎月10万両を製造する計画を立てたが、実際の製造能力は月2万両程度だった。またここでつくられる貨幣は金銀の品位が低い悪貨だったため、関係各位から抗議が来てすぐに製造中止となった。

江戸の制圧がほぼ完了した明治元（1868）年4月、朝廷は、三条実美を関東大監察使として、江戸に派遣した。

その際、50万両が必要だった。

なぜ50万両も必要だったのかというと、1つは、彰義隊などの旧幕府勢力の掃討戦の費用がかかったことがあった。

もう1つは、幕府が発注していたアメリカの鋼鉄船ストーン・ウォール号が横浜に到着していたのだ。このストーン・ウォール号は、官軍が接収したが、アメリカ公使ポルトメンが「代金50万両の半額25万両がまだ未払いなので引き渡しできない」と言ってきたのだ。

海援隊の陸奥宗光らが、三井、鴻池などの京都大阪の商人から23万4528両をかき集め、長崎のイギリス商人グラバーから約20万両を借り受け、そのほかは朝廷の手持ち金で補い、どうにか50万両を準備した。

が、いざ引き渡しの段階になって、アメリカは「内戦での中立」を理由に軍艦の引き渡しを拒否した。

このため、とりあえず50万両が浮くことになった。しかし、この50万両も、官軍の軍費ですぐに消えてしまった。

朝廷の脅迫的な国債募集

江戸入城から1か月経った明治元（1868）年5月、新政府は、軍費不足問題を話し合うための大会議を開いた。

ここで、内国債を発行することに決まった。

そして太政官布告第376号において、国民に内国債募集の大諭告が行なわれた。

この諭告のただし書きには、

「朝廷の財政が窮乏しているのを知っていながら、財力があるにもかかわらず、募債に応じないものは、国恩をわきまえない不忠者なので、それ相応の取り計らいをする」

という脅迫めいた文言が付け加えられていた（『明治前期財政史』坂入長太郎著・酒井書店）。

新政府の軍費の欠乏は、それほど切羽詰まっていたのである。

このなりふり構わぬ資金調達が、どうにか功を奏し、明治2（1869）年の段階で新政府が調達した金は267万両に達した。

当初の300万両の目標はほぼ達せられたといえる。この金があったからこそ、官軍は江戸や会津、函館までも遠征することができたのである。

このように、明治維新というのは、**際どい綱渡りのような金策によってなされたもの**なのである。

第7章

幕末経済を動かした「ニセ金」

薩摩藩の贋金

前述したように幕末に、幕府の財政を担うことになった小栗上野介は、財政再建の切り札として「万延二分金」を大量に鋳造した。

それについて、諸藩もただ指をくわえて見ていたわけではない。

幕府だけが潤うということは、日本の政治の主導権を握ろうとしていた諸国の雄藩にとって、非常に面白くないことだった。幕府が昔日の勢いを取り戻せば、諸藩が政治の表舞台に登る機会が失われてしまう。

諸国の雄藩たちは、**「なんとかして万延二分金による幕府の利益を横取りしたい」**という意思が働いた。

そこで、各藩の中では、自分たちも万延二分金の偽造品をつくってその恩恵を受けようとするものが生じたのである。

幕末から明治初期の間に、薩摩をはじめ、会津藩、安芸藩などでも、この万延二分金の贋金を鋳造していたことが判明している。

特に薩摩藩は、かなり早い時期から鋳造技術者をわざわざ江戸から呼び寄せ、相当な額の贋金を作っているとされている。また長州藩は、万延二分金の偽造こそ行なっていない（と思われる）が、天保通宝の偽造はかなり大掛かりに行なっていたと見られている。

そして、この贋金が幕末の経済を動かし、**明治維新の影の原動力**になっていくのである。

薩摩藩の贋金製造は、ペリーが来航した嘉永6（1853）年にすでに始められたといわれている。

藩主の島津斉彬が、幕末の名君と呼ばれ、西洋の技術をいち早く取り入れていたことは前述した。集成館という大きな工業施設をつくり、ガラス、地雷、紡績などの事業を行なっていた。溶鉱炉や造船所も建設し、ペリー来航から1年後にはすでに自前の西洋軍艦を建造していた。日本で最先端の科学力を持つ藩だったのである。

ペリーが来航した年の嘉永6（1853）年、藩主の島津斉彬は家宝の八景釜をつくるという名目で、江戸鋳銭座の西村道弥《にしむらどうや》を招へいし、家臣の市来四郎などに鋳銭法を伝授させたのだ。

そして、安政4（1857）年ころから製錬所で金銀分析という名目で、秘密裏に天保通宝、四文銭の鋳造を始めた。これは、小規模のものだったと思われる。

その後、文久2（1862）年には、薩摩藩は、琉球だけで通用する貨幣**「琉球通宝」**

の鋳造を幕府に認めさせた。

当時、諸藩が貨幣を鋳造する場合、それが領内だけで通用されるものであっても、幕府の許可が必要だった。しかし幕府は、貨幣の鋳造をなかなか許可しない。貨幣鋳造を許可すれば、贋金をつくるようになるかもしれないからだ。だから、諸藩が貨幣鋳造をするには、それなりの理由が必要だったのだ。

薩摩藩は、琉球の貨幣が不足しているということを理由にして、琉球だけで流通させるという名目で**「琉球通宝」**の鋳造を申請したのだ。

幕府も薩摩藩が贋金をつくろうとしているのではないか、という危惧は持っていたはずである。

が、薩摩藩は、幕末の一大勢力である。開化政策をすすめ、経済力もある。幕府としても、一目おいた存在である。幕府は、薩摩藩の意図を察しつつも、機嫌を損ねられと困るので、琉球通宝の鋳造を許可したものだと思われる。

薩摩藩は、幕府の許可が下りると、集成館横に鋳銭工場を建て、本格的な天保銭の偽造を始めた。

琉球通宝というのは、「天保通宝」そっくりの通貨だった。薩摩の魂胆《こんたん》としては、琉球通宝を鋳造するふりをして、偽の「天保通宝」をつくろうということだった。
「天保通宝」というのは、1枚で一文銭百枚分（100文）の価値という設定になっていた銅貨だった。しかし実際の銅の分量は、一文銭4枚程度しかなかった。だから一文銭を集めて、天保通宝を偽造すれば、莫大な利益が得られるのだ。

薩摩藩は、集成館横に鋳銭工場を建て、藩を挙げての大掛かりな贋金づくりに励んだ。この工場は、文久3（1863）年の薩英戦争で焼けてしまったが、すぐに西田に新しい工場がつくられた。

琉球通宝には當百および半朱の２種類が存在し、當百は天保通宝にそっくりだった

薩摩藩はこの天保通宝を約3年間に290万両を鋳造し、約200万両の利益をあげていたという。薩摩藩の主要財源だった砂糖の収益が年間40万両だったので、贋金づくりで、その5倍の収益を上げていたのである。

贋金づくりは、そう簡単にできるものではない。特に原材料となる金属の入手は、大変だった。金、銀、銅などの流通は、幕府が目を光らせている。

天保通宝の原料は銅である。薩摩藩は、対馬、安芸、越前、秋田などから、ひそかに銅を買い集めた。

また寺社の鐘を強制的に供出させたりもしていた。罰当たりなことに、鐘を鋳つぶして貨幣をつくっていたわけである。幕末の諸藩が、いかに財政にひっ迫していたかということである。

ちなみに、明治維新後、新政府は廃仏毀釈《はいぶつきしゃく》を推進させたが、薩摩藩はそれがもっとも徹底していたという。廃仏毀釈をすれば貨幣の原料が得られるというのがその理由だったのかもしれない。

万延二分金の偽造

天保通宝の偽造で味をしめた薩摩藩は、二分金の偽造にも手を出した。二分金の場合は、琉球通宝のときのような幕府へのカモフラージュさえもせず、まったくの密造だったのである。

江戸時代の貨幣制度は、金の小判を貨幣価値の基準に置いた金本位制（厳密な意味ではない）となっていた。

そして、4進法となっていた。金の小判1枚を1両とし、それを4つに分けたものが1分となる。なので二分金は、1両の半分の値打ちがある。

薩摩藩が偽造していた二分金というのは、正式には「万延二分金」と呼ばれるもので、万延元（1860）年から鋳造を開始された金貨である。通貨価値は2枚で1両に相当する（1両＝4分）。


前述したように万延二分金は、金よりも銀の含有量のほうが多い**「金貨」**だった。つまり名目上は「金貨」だが、その実は金メッキをした銀貨だった。

当時、日本には、欧米諸国からメキシコ銀が大量に入ってきていた。欧米諸国は、日本との貿易の支払いを、メキシコ銀で行なうことが多かったのだ。このメキシコ銀を改鋳して、ニセの二分金がつくられたのである。

銀と金をうまく混ぜ合わせて貨幣をつくるのだから、それなりの技術が必要となる。

当時の薩摩藩は、日本でも最先端の科学力を持つ藩だったので、その科学力を使って、ニセの二分金もつくられたのである。

二分金の贋金製造は、藩をあげての隠ぺい工作を行なったため、その記録はほとんど残っていない。**藩主の別邸があった花倉に二分金の鋳造工場があった**とされるが、それも明確な資料はない。

しかし、薩摩藩は相当数の偽造を行なったと見られている。

詳しくは後述するが、明治以降の調査では少なくとも150万両以上**（現在の貨幣価値にして約750億円以上）**の贋金をつくっていたことが明らかになっている。

つまり、薩摩藩は天保通宝の偽造で200万両、万延二分金の偽造で150万両以上、合計350万両以上を稼いでいたことになる。

当時、蒸気船が安いものでは5万両程度で購入することができた。薩摩藩は、贋金により、70隻の蒸気船を購入できるほどの収益を得ていたのである。

これが、薩摩藩の主要な**倒幕資金**となったのである。

天保通宝の偽造をしていた長州藩

次に長州藩のニセ金事情を見てみたい。

長州藩の貨幣の偽造は、鋳造場所や鋳造量などの資料がほとんど残っておらず、まったく闇に包まれている。そもそも貨幣の偽造は、当時でも犯罪行為だったので、贋金製造をしていた諸藩は証拠を残さないようにしていた。そして長州藩はそれがより徹底していたのだ。

ほぼ唯一「防長史談会雑誌」のなかに、慶応元（1865）年ごろには、天保通宝の偽造が行なわれていたことをにおわせる記述があるだけである。

また大正時代の歴史家千頭《ちかみ》清臣の書いた龍馬の伝記『坂本龍馬伝』には、こういう場面がある。

龍馬が土佐藩の家老格だった後藤象二郎に対して、

「薩摩にはすでに百万両の偽造金がある。長州も同様だ」

「大政奉還は未曽有の大事業だ。土佐が同じことをしても、三藩あわせてたかだか3百万両に過ぎない。たかだか3百万両の偽造通貨くらいで新政府がぐらつくようなら、大政奉還は成功しない」

と言って、土佐藩の貨幣の偽造を促したのだ。

坂本龍馬は、ご存知のように薩長同盟の仲介者であり、当時、日本随一と言っていいほどの薩長の事情通だった。その龍馬が、長州藩も、薩摩藩と同様に贋金をつくっていると、言っているのだ。

もちろんここに述べた100万両という数字は、ざっくりしたものだろうが、それに近いくらいの大量の贋金をつくっていたことは間違いない。

長州藩では、薩摩藩や諸藩が偽造をしていた「万延二分金」については、ほとんど記録が残っていない。だから、万延二分金の偽造はしていなかった可能性が高い。

が、長州藩の場合、天保通宝の偽造は大規模に行なっていたようなのである。

天保通宝というのは、天保6（1835）年に鋳造が開始された銅銭である。

薩摩藩の項でも少し触れたが、この銅銭は貨幣価値は100文とされた。しかし、実際に使われている銅の量は、一文銭の数枚分しかない。幕府としては、わずかな銅で額面価値の高い通貨をつくることで、鋳造益を得ようとしたわけである。この天保通宝により、幕府は数十万両の鋳造益を得たとされている。

天保通宝は、額面は100文だったが、市場もそれほどお人好しではなかったようで、実際には80文程度で使用されていた。が、それでも、天保通宝は、普通の一文銭に比べれば格段に鋳造益が高い。

当時、流通している一文銭（寛永通宝）には、銅銭と鉄銭があった。当初は、銅でつくられていたが、そのうちに、鉄でもつくられるようになり、それが同じ一文で通用していたのだ。だから、寛永通宝のうちの銅銭だけを吸収し、それを元に天保通宝をつくれば、簡単に大きな収益が得られるわけである。

そのため、**天保通宝の偽造をする藩もけっこうあった**ようである。

長州藩はその代表格といえる。

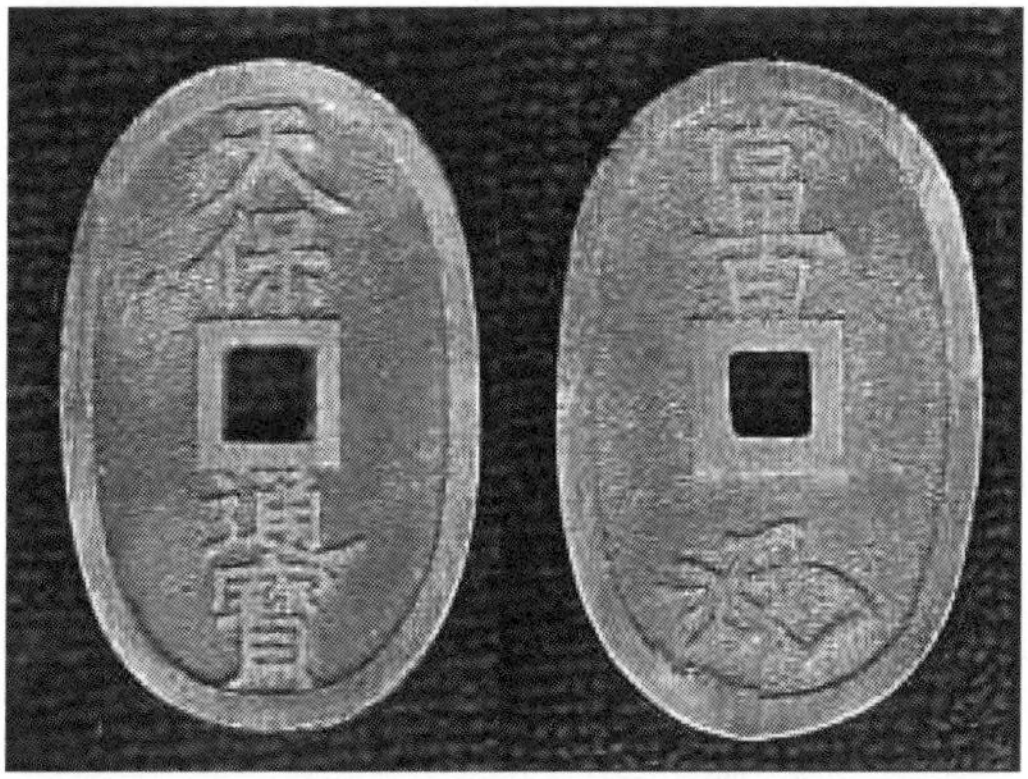

個性的な書体で、通字のしんにょう末尾が長く尾を引いている曳尾銭。背の花押（下部のサイン）も独特

「防長史談会雑誌」によると、慶応元（1865）年ごろから柳井田、小郡などで天保通宝の密造が行なわれていたという。

天保通宝には、偽造銭が多々あるが、その中で古銭研究者たちから**「曳尾銭《ひきおせん》」**と呼ばれる一群があった。銭に書かれた「天保通宝」の文字のうち、「通」の字のしんにょうの先が伸びているという特徴があることから、「曳尾銭」と呼ばれるようになったのだ。

この「曳尾銭」は非常に多く現存しており、かつては佐渡で鋳造されたものと見られていたが、近年の研究により、長州で鋳造されたということがわかった。この「曳尾銭」は、山口を中心にした地域で多く発見されているのだ（『天保銭の鑑定と分類』瓜生有伸著・天保通宝研究会）。

しかも、その量は、他の天保通宝の偽造銭と比べてもかなり多いという。

これらの状況から見ても、長州藩がかなり大掛かりに天保通宝の偽造をしていたことは間違いないといえる。

坂本龍馬の贋金製造計画

坂本龍馬も実は、贋金製造に強い関心を持っていた。

というより、龍馬は、薩摩藩の贋金製造事情を調べ、贋金の製造を土佐藩に献策しているのである。

慶応3（1867）年8月、龍馬は、土佐藩の役人の岡内俊太郎が薩摩に出張する際に、「ニセ二分金を薩摩から持ってくるように」と命じている。

岡内俊太郎は、土佐藩の下横目という下級官吏であり、土佐の長崎出張所に勤務している際に、龍馬と知り合ったとみられる。龍馬は、この岡内俊太郎を信頼していたようである。

そして岡内が薩摩藩に出張するというのを聞き、**「極秘の任務」**を依頼したのである。龍馬は岡内に「土佐藩でも同じようにニセ金貨をつくって、戦乱に備えるべき」とも言ったという。

岡内俊太郎が上司である土佐藩重役佐々木高行にあてた手紙には、次のように記されている。

「出港の前に、龍馬から言われたことには『薩摩でつくっている弐分金のニセ金貨を探して取ってきてくれ。薩摩藩と同じように土佐藩でもニセ金貨をつくっておかなければ、事が起こったときに困るだろう』ということです」（著者による現代語訳）

この手紙は、岡内自身が保証する正真正銘のものである。いろいろな公式資料にも残されている。

またこのことは、岡内の手紙だけではなく、土佐の維新史である『維新土佐勤王史』や、岩崎弥太郎の公式な伝記、明治時代の龍馬の伝記小説など様々な文献に出てくるのだ。

龍馬が岡内に密命を授けたのは間違いないことだろう。

記録によると岡内俊太郎は、薩摩の英学塾の留学生から入手したとある。田所礼之助という土佐藩の留学生が、偽造二分金を入手し岡内に渡したらしい（『岩崎弥太郎伝』など）。田所礼之助は、薩摩の英語塾に留学していたようだが、その人となりなどはわかっていない。大正時代に歴史家千頭清臣によって書かれた『坂本龍馬伝』に、以下のように記載されているだけである。

岡内は鹿児島より佐々木栄を拉し帰り、約によりて新金貨二分金を龍馬に齎す。曰く、是れ鹿児島英学塾に寓せる田所礼之助の与ふる所なりと。龍馬大に喜ぶ。

土佐藩に献策する

龍馬はこの「ニセ二分金」を入手した後、岡内を通じて、土佐藩に「ニセ二分金の製造」を献策した。

しかし、土佐藩の「贋二分金の製造」は、すぐに実行には移されなかった。

肝心の龍馬が、岡内が藩に献策した直後に、京都で暗殺されてしまうからだ。

龍馬の死後、この「贋二分金製造計画」はしばらく放置されていた。

が、戊辰戦争が始まると、土佐藩も軍資金不足があらわになり、贋金製造を始めることになる。

明治元（1868）年2月22日、土佐藩の征討総督の深尾左馬之助（家老）が、土佐藩の国元の家老宛てに次のような意味の手紙を送っている。

「贋金鋳造は、藩内に異論があって中断されているが、大坂藩邸では準備をしていることだし山内容堂公（藩父）も了解されていることなので、早急に開始されたし」

これを見ると、土佐藩では、このときすでに贋金製造計画は、実行に移されようとしていたことがわかる。しかし、藩内には**「やはり、まずいんじゃないか？」**という声もあり、躊躇《ちゅうちょ》していた模様である。

この手紙が出された明治元（1868）年2月というのは、官軍が関東、東北に向けて進軍を開始する直前のことである。

鳥羽伏見の戦いの後、土佐藩は、官軍の東征に参加することを決定した。

土佐藩は、当初、幕府を征伐することには反対していたが、鳥羽伏見の戦いで官軍が圧勝すると、急ぎ官軍に参加することになったのである。

土佐藩は、それまで幕府も含めた朝廷、諸藩の要人で新政府をつくることを藩論としていた。いわゆる「公武合体制」である。つまり討幕派の薩摩藩、長州藩とは一線を画していたのだ。

が、戦争が始まればそんなことは言っていられない。すでに朝廷が幕府の征伐を決定し、薩長の倒幕軍が官軍となったのだから、土佐もこれに参加しなければ、今後の政局に取り残されることになる。

しかし、江戸や東北に遠征するには、金が必要になる。当時の土佐藩の財政は火の車であり、軍費のねん出は急務だった。

軍を預かる総督の深尾左馬之助は、それをもっとも切実に感じていたのだ。とにかく、金がなくては、軍は動かせないのである。そのため藩に贋金製造の催促をしたのだ。


一方、土佐藩の国元では、深尾左馬之助の手紙に対して、家老の福岡宮内、五藤内蔵助、山内下総の連名で次のような返答をしている。

「贋金製造が遅れているのは、当方としても残念です。贋金製造の中止を建言したのが誰か知りませんが、本当に愚昧《ぐまい》な人物です。しかし、徐々に事は進んでいます。愚人が多くてとても困っています」

国元の家老たちが、困っている様子がありありと見える手紙である。自分たちとしても、早く贋金製造をすすめたいが、それを中止させようとする人物もいる。贋金製造計画に対して、藩内で様々な議論、混乱が生じたのである。

そしてようやく土佐藩は、明治元（1868）年春頃に贋金製造に着手するのである。

土佐藩の秘密の贋金工場

土佐藩の贋金製造は、最初、大坂の藩邸（蔵屋敷）で行なわれたようである。

土佐藩は、大坂に広大な藩邸を持っていた。現在の長堀通り一帯に土佐藩の藩邸、蔵屋敷があったのである。

土佐藩は西南の大藩である。領内から大量の物産（鰹節《かつおぶし》、材木、樟脳《しょうのう》など）を持ってきて、大坂で売りさばいていた。

長堀通りには、鰹座橋という地名が残っているが、これは土佐藩の鰹節の座（市場）があったことが所以《ゆえん》である。また白髪橋という地名も、土佐藩の白髪山から切り出した檜の問屋が並んでいたことにちなんでいる。

当時の大坂は、日本の経済の中心地である。ここで贋金をつくれば、すぐに流通させることができる。

そういう戦略があったはずである。

この大坂藩邸において、畳をめくって床下で作業場がつくられたという。

土佐藩の藩邸跡は、現在は土佐公園となっている。また藩邸の中には、土佐稲荷神社があったが、この土佐稲荷神社も現存し、当地の人々に親しまれている。

ちなみにこの大坂の土佐藩邸は、明治2年に岩崎弥太郎に買い取られ、三菱の前身である九十九商会が置かれた。つまり元贋金製造工場が、三菱の発祥の地ということになる。

その後、贋金製造工場は、土佐の故吉田東洋邸に移されたという（『岩崎弥太郎』松村巌著）。

土佐の歴史資料集である「皆山集」の第7巻にも、土佐城下の吉田東洋邸で贋金を鋳造していたという記述がある（原文「帯屋町旧吉田元吉旧屋敷即今神道事務分局処ニテ鋳造ノ事」）。

大坂でやっていては、噂になりやすいので国元にしたのだろうか。

国を挙げての贋金づくり

土佐の贋金づくりは、国を挙げて行われた。

藩では、二分金の原材料となる金銀の供出を領民に求めた。関東、東北の平定のために軍費が必要だと訴え、**「大量の寄付をしたものは士分を与える」**という特例まで発した。

このとき、もっとも多くの寄付をしたのは、浅井某という素封家だと伝えられている（『岩崎弥太郎』松村巌著）。

浅井某は、安政の大地震（高知県付近が大きな被害を受けた）のときに、火災にあい、金銀を納めた蔵が焼けてしまった。金銀は、火災のために変形してしまい、そのまま放置されていたのだ。

浅井某はその変形した金銀を、藩に供出したのだ。

幕末土佐の領民の日常を詳細に記録した『真覚寺日記』には、浅井氏ははじめに3万5千両、次いで1万3千両の金銀を供出したとある。合計で4万8千両である。このような大金を、一領民が拠出したというのはにわかには信じがたいが、他に記録がほとんどないので、真偽は確認できない。

また、この『真覚寺日記』には、明治元年の閏4月12日付で「一分銀をつくるために他国の銀座の職人が百五、六十人ばかり上町に滞留している」とも記されている。

上町というのは、高知城のすぐ近くに位置し、土佐藩参政（行政の最高責任者）の吉田東洋《とうよう》邸にも近い。土佐藩では、銀座から職人を招へいして本格的に贋金の製造に乗り出したようである。

真覚寺日記では、「一分銀」の鋳造となっているが、「二分金」の間違いではないだろうか。真覚寺日記というのは、土佐の真覚寺の住職が、自分が知りえた市井の情報を書きつけていた日記である。庶民が、贋金製造に関する詳しい情報を知っているはずはない。土佐領内では、金貨より銀貨のほうがなじみがあったので、**「一分銀を鋳造している」**という噂が流れていたのではないだろうか。

とにもかくにも、この時期の土佐藩が藩を挙げて贋金づくりに奔走していたことは間違いないことである。

製造を指揮した土佐藩の経済官僚

土佐藩の贋金鋳造を指揮したのは、土佐藩仕置き役の真辺《まなべ》栄三郎（正心）とされている。真辺栄三郎は、文政5（1822）年生まれ、龍馬より一回り以上年長である。21歳のときには、文武が優秀であるとして、藩主から褒美をもらっている。

吉田東洋の門下生であり、吉田東洋に重んぜられた。ペリーの黒船騒動のときに、安芸郡奉行に抜擢され、仕置人、大目付へと順調に出世した。

土佐勤王党による吉田東洋の暗殺により、一時、不遇な境遇に陥る。なので土佐勤王党とは仇《かたき》同士であり、武市半平太《たけちはんぺいた》の獄中では、厳しい尋問をしたともいわれている。

しかし、龍馬との関係は悪くはなかったようだ。

真辺は慶応3（1867）年には、長崎の出先官に赴任しており、このとき龍馬と知りあったものと思われる。

同年に成立した薩土盟約の会合では、龍馬や後藤象二郎とともに同席している。

慶応3年12月には、京都、大坂、長崎の商法掛となっている。事実上の土佐藩の商務責任者ということになる。

この真辺栄三郎が中心になって、贋金の製造を始めたのである。真辺は、土佐藩の財政の事実上の責任者である。秘密が求められる贋金製造においては、彼のような立場じゃないと実行できなかったであろう。

また真辺栄三郎は、後藤象二郎の腹心的な存在だった。つまり、贋金計画は後藤を中心として行なわれていたと思われる。後藤は、龍馬の意向を受け入れたということである。

ちなみにこの真辺栄三郎は、土佐藩では随一の経済官僚として、明治以降は土佐山内家の家令となり資産運用の責任者となった。しかし後藤象二郎や板垣退助が、様々な事業を起こそうとして、山内家の資産を引き出し、結局、18万両もの損失を出してしまった。

この損失の責任をとって、明治8年に家令を辞任している。

安芸藩のニセ金製造

幕末にニセ金を製造した藩は、薩摩や長州、土佐だけではない。

幕末は、どこの藩も財政的に苦しく、ニセ金を鋳造した藩も多かった。

安芸《あき》藩の場合もそうだった。

安芸藩は、幕末、薩長土と並ぶような勤王藩だった。

鳥羽伏見の戦いの後、岩倉具視、薩長を中心に発足した明治新政府は、幕府に対する討伐命令を出した。勤王藩を自負する安芸藩としては、是が非でも討伐に参加したい。

しかし明治新政府は、何度も触れたように財政基盤がほとんどない。幕府の討伐命令を出しても、軍費を払ってくれる様子はなく、諸藩は自前で討伐戦に参加しなくてはならない。

当時、安芸藩の財政も悪化しており、藩士の禄米を払うのさえ四苦八苦している状況だった。商人や他藩などからの借り入れで、なんとか賄っている始末だった。

そんなときに、戦争に参加しなくてはならないのである。

軍費をなんとかしなくてはならないが、どこをどう探しても、そんな金はなかった。

ついに勘定奉行の伴資健《ばんすけゆき》が、

「なにかあったときには自分が責任をとる」

という決意をして、ニセ金製造に着手する。

東伐軍が江戸城に迫った明治元年（1868年）3月ごろから、鋳造試験を開始した。そして試験が成功するや否や、本格製造を始めた。

東山山荘と言われる藩主の別荘に製造場を設け、その後は支城である三原城や、家老浅野忠英の別荘にも工場をつくった。

明治2（1869）年に、贋二分金が国際問題になったとき、安芸藩が明治政府に提出した報告書では、この3か所の製造場で合計19万6千両の贋金がつくられたとなっている。政府に出した報告書なので、当然、低く見積もられているはずで、実際はその数倍の製造量があったのだろう。

安芸藩では二分金だけではなく、天保通宝の偽造も行なっていた。薩摩藩や土佐藩とまったく同じである。

しかし取りかかりは、薩摩、土佐に比べて若干遅かった。

安芸藩は、薩長土と肩を並べるくらいの勤王藩だったが、明治維新以降は政治の中心からさっぱりはずれてしまった。もしかしたら贋金製造に出遅れたのも、その要因の1つかもしれない。

会津若松の贋金

贋金を製造していたのは、何も官軍側ばかりではない。旧幕軍の最右翼であった会津若松藩も、かなり大々的に贋金製造をしていたことがわかっている。

会津藩では、明治元（1868）年二月、藩主松平容保《かたもり》が鳥羽伏見の戦いから敗走して会津に帰るとき、江戸金座の職人を連れて帰った。そして鶴ヶ城西出丸に贋金製造工場をつくり、大量の贋二分金を製造したとされている。

また会津藩では、この時期、地元の富豪が贋金を鋳造したいと申し出れば、1割の税を徴収することで許可をした。そのため会津城下一帯では、ほとんどの領民が贋金製造に何らかの関わりを持っていたという。

明治初期の会津藩では、明治維新前につくられた金貨を「徳川吹」、明治維新後につくられた金貨を「太政官吹」、会津でつくられた贋金を「御城吹」と呼んでいたが、どれも同じように流通したという。

贋金二分製造をした藩は、現在、判明しているだけでも、会津、秋田（久保田）、仙台、二本松、加賀、郡山、佐土原、高知（土佐）、広島（安芸）、宇和島、薩摩、筑前、久留米がある。

こうしてみると、幕末の政局に影響を与えた藩は、たいがい贋金をつくっていたことになる。この中に長州藩は入っていないが、長州藩は贋二分金の製造については判明していないが、百文銭を偽造していたことは判明している。

幕末は、どこの藩も財政が悪化しており、官軍も佐幕軍も、資金ねん出に苦慮していたということである。そして、官軍にしろ、佐幕軍にしろ、贋金製造でもなんでもして、資金ねん出に成功したものだけが、政局の中心にいることができたというわけだ。

これらの贋金はニセと認識されつつも、その価格が割り引かれて流通していたのである。というのも、現在のニセ札と違って、贋二分金には一定の価値はあった。ニセ札ならば、ニセと判明した時点で、一銭の値打ちもなくなる。しかし、贋二分金の場合は、多少とも貴金属を使ってつくられているので、まったく無価値とはならなかったのである。

贋二分金は、基本的な製造法は、銀の中身に金のメッキをするというものである。なので、一定の金、銀が含有している。市場でも、一定の価値評価はされたのだ。

もちろん、各藩の製造事情により、二分金の原材料は変わってくる。だから、製造元によって、贋二分金の価値にも上下がつけられていたようである。

江戸幕府がつくった二分金は1枚につき銀167グラムで交換された。筑前藩の贋二分金は154グラム、薩摩藩の贋二分金は134グラム、安芸藩の贋二分金は119グラムの銀と交換された。土佐藩の贋二分金はそれよりさらに低い通貨価値だったという。

当時の贋二分金の番付は、**①筑前②加賀③佐土原④宇和島⑤薩摩⑥安芸⑦郡山⑧土佐⑨三原**、とされている。

さて、このように諸藩が奔走した二分金の贋金つくりであるが、一体どのくらいの収益を上げることができたのだろうか？

会津藩の記録によると、会津藩では古い一分銀1枚を3つに切断して、二分金を3枚つくっていたという。

一分銀は1枚およそ0・2両である。二分金というのは一枚0・5両なので、3枚で1・5両となる。つまり、0・2両の材料を使って、1・5両の金貨をつくっていたのである。

実に、7・5倍である。

金メッキなどの製造コストが、1枚につき900文ほどかかったが、それを含めても、原価の5~6倍にはなっていただろう。製造方法や使用する材料によって若干異なるが、だいたいこの程度の差益が得られたものと思われる。

外国公使の抗議

贋金は、明治に入ってから国際的な大問題となる。

明治2(1869)年の1月、イギリス、フランス、アメリカ、ドイツ、イタリアの各国公使が相次いで、日本政府に貨幣に関する抗議を行なったのである。

諸藩は、製造した贋金をしばしば西洋諸国から輸入した武器、軍艦などの支払いに充てた。

当時の外国との貿易では、日本の貨幣と欧米の貨幣は、金と銀の含有量に応じて、交換するようになっていた。そのため、規定の金含有量を満たしていない贋金を貿易の支払いにあてることは、通商条約に違反することになるのだ。

明治2年7月12日、外国公使団と新政府首脳の間で、贋金問題に関する協議がもたれた。いわゆる**「高輪談判」**と言われるものだ。

その席で、外国公使は次のような抗議をした。

「諸藩は、贋金を製造し、それを蒸気船や武器などの外国貿易の支払いに充てた。長崎、兵庫での貿易は、たいていこの贋金で支払われており、夥《おびただ》しい金額に上る」

そして外国公使団は、外国商人がつかまされた贋金の総額は3千万両と見積もった。明治3年度の国家歳出が約2千万両なので、それをはるかにしのぐことになる。

本当にそんな巨額な贋金があったのだろうか？

いったい諸藩はどのくらいの贋金をつくったのだろうか？

贋金づくり総本山の薩摩藩の二分金製造額は、正確な額はわかっていないが、少なく見積もっても150万両はあるとされている。

薩摩藩の重役吉井友実が、大隈重信にあてた書簡に「藩の会計に尋ねたところ、150万両と答えた」と述べているのだ（明治2年9月17日）。藩の会計官は、少なく申告している可能性もあるので、実際はそれ以上だったと考えられる。

では土佐藩では、どのくらいの贋二分金を製造していたのだろうか？

明治2年、土佐藩は自訴状を明治政府に出している。これは、土佐藩がみずから贋金の製造の事実を認め、「王政復古に奔走したために、資金が必要だった」という言い訳を述べたものである。

この自訴状の内容は、次のようなものである。

- **慶応3年6月から慶応4年の1月まで贋金をつくっていた。**
- **鋳造の設備は慶応4年の1月までにすべて処分した。**
- **鋳造した贋金の総額は5万4千4百両。**

しかし、この自訴状の内容は、偽証がまじっているとされている。なぜかというと、次のような理由があるからだ。

- **製造した金額を低めに見積もり過ぎている。**
- **製造していた時期を、実際よりも早くし、「明治維新以前のこと」にすることで、罪のイメージを軽くしている。**
- **製造していた時期を短くすることで、大掛かりなことはしていないという印象を与えようとしている。**

土佐藩の贋金の額については、正確な記録がないが、5万4千4百両よりもはるかに多いと考えられている。

薩摩にしろ、土佐にしろ、贋金製造の額をかなり少なく申告していることは間違いない。当時の贋金の流通状況から見れば、とてもそんな程度ではなかったからだ。外国公使団が主張した3千万両は多く見積もり過ぎだとしても、薩摩藩、土佐藩の申告はいかにも少なすぎる。


当時、司法大輔（司法省の事実上の責任者）だった土佐藩の佐々木高行は母藩が犯罪行為をしていたのは忍びないとして、辞表を出した。しかし、政府により慰留され、辞任はしていない。

佐々木高行は、これ以外にもたびたび贋金のことで悩まされていた。佐々木は、明治維新直後は長崎の外交責任者に任命されており、諸藩のつくった贋金のことで外国から抗議を受けていたのだ。

そのため佐々木は、新政府に、諸藩の贋金の製造をやめさせるように働きかけたという。

贋金騒動はどうやって収束したのか？

この贋金騒動では、幕臣だった勝海舟が、その収拾に一役買うことになった。

薩摩の大久保利通が、財政通の勝の元へ、贋金騒動の処理を相談しにきたのである。外国公使は、贋金を全部引き換えろと言ってきているが、贋金の総額が一体どのくらいなのかわからない、しかも新政府は財政難である。このまま、引き換えに応じていいものかどうか、勝の助言を受けに来たのだ。

勝は、しばらく考えた。

「贋金はそう簡単につくれるものではないので、総数はたかが知れている。全部合わせても300万両を越えることはないだろう」

という結論に達し、混乱収拾のために一刻も早く引き換えに応じるべき、という助言をしたという（「海舟餘波」より）。

勝には、若干の法螺《ほら》吹きグセがあったとされ、この言葉をそのまま受け取ることはできないかもしれないが、勝が贋金について大久保に若干の助言をしたことは間違いないことだろう。

勝が算出した300万両という数字は、龍馬の言葉と妙な符号がある。

「薩摩、長州、土佐が100万両ずつつくっても、300万両に過ぎない。300万両程度の贋金で、新政府がぐらつくくらいなら、維新など成功しない」

前述したように、これは龍馬がかつて後藤象二郎に語ったものだ。

龍馬は、諸藩は300万両程度の贋金をつくるのがせいぜいだろう、そして300万両程度なら政府はぐらつくことはない、と見越していたものと思われる。

さて、明治新政府は、勝の助言を受け入れてか、贋金の引き換えに応じた。

すると、外国人が交換した贋金は約34万両、日本人が交換した贋金は約200万両、合計しても2百数十万両に過ぎなかった。

最終章

維新で誰が得をして誰が損をしたのか？

大富豪、大商人たちの犠牲で成り立った明治維新

さて、明治維新でかかった費用をもっとも負担したのは、一体だれなのか？　ということを追求した場合、その答えは**「商人」**ということになる。

本書のはじめに、江戸時代は商人から税金をあまりとっていなかったということを述べた。だから、武士階級の経済的地位が低下し、商人の地位が上がることになった。

つまり、江戸時代というのは、商人にとってはあまり税金も払わずに、金儲けにいそしむことができた「いい時代」だということになる。もちろん、ときどき臨時的な御用金を課せられたり、数十年おきに徳政令によって武家の借金を帳消しにされるようなことはあったが、それでも商人の負担は他の階層から見れば非常に小さかったといえる。

が、明治維新期には、その帳尻を合わせるかのように、一気に商人に負担がのしかかったのである。

これまで述べてきたように、新政府は戊辰戦争のために、商人たちから御用金を半ば強制的にかき集めた。それ以前に幕府も、長州征伐のときなどに商人たちから御用金を徴収していたのである。

だから、幕末に起こった戦争、長州征伐や戊辰戦争などの戦費の多くは、商人が負担したことになる。

また商人たちは、維新後にも、大きな負担を課せられることになった。

簡単に言えば、幕府や諸藩が商人から借りていた金を、ほとんど棒引きにされてしまったのである。

幕府や諸藩は、幕末から維新にかけて財政難に苦しめられていた。なので、どこの藩も、商人からお金を借りたり（藩債）、藩札という藩領内だけに通用する通貨を発行し、財源に充てていた。それは維新直後には莫大な額になっていた。

「版籍奉還」や「廃藩置県」が、意外とスムーズに移行したのは、この諸藩の借金財政にも要因があるのだ。諸藩は借金まみれで苦しんでいたので、**「藩を朝廷に返してもいい」**という機運を生んだのである。

この藩札や藩債は、新政府が肩代わりすることになった。

が、新政府は、これらの借金をまともに返しはしなかったのである。藩債のうち、外国からの借財については国際問題を引き起こすので、優先的に返還された。しかし国内の商人が引き受けたものは、ほとんど棒引きに近いような処理をされたのである。

明治6（1873）年、新旧公債証書発行条例という法律が施行された。これは、旧藩が抱えていた藩札、藩債の処分方法を取り決めたものである。

このときに定められた藩札、藩債の処分方法の主なものは以下の通りである。

①幕府が棄損令を出した天保14（1843）年以前のものは破棄する

②旧幕府や個人に属する負債は、償還の対象外にする

③藩債は、慶応3（1867）年以前と以降を区分して、政府が償還する（償還割合は別途定める）

この新旧公債証書発行条例は、事実上の徳政令だった。

旧幕府や個人の負債は、償還されないし、天保14（1843）年以前のものは破棄されるのである。

しかも、政府が償還に応じた藩債も、100%ではない。維新以前の旧債は「無利子50年償還」という、**債権者にとって債権放棄も同然の恐ろしく不利なもの**だった。維新以後の新債も、4%利息付の3年据え置きの25年償還で、非常に債務者（政府）に有利な取り決めだった。

これらの処置により最終的には、藩債全体の80％が切り捨てられたという（『秩禄処分』落合弘樹著・中公新書）。

この「藩債棒引き政策」により、もっとも被害を被ったのは誰かというと、当然、商人である。藩や幕府にお金を貸していたのは、市中の両替商や、大商人たちである。彼らは、明治維新により、莫大な損失を被った。

そのため、**江戸時代の大商人たちの多くは、明治維新期に没落する**ことになる。

住友家の番頭、広瀬宰平の著した『半生物語』によると、江戸時代の大阪の豪商34家のうち、維新期に23家が破産、絶家し、明治以降も以前の勢力を保持できたのは9家に過ぎなかったという。

明治維新でもっとも損をしたのは「武士階級」

明治維新とは、非常にざっくり言えば**「薩摩藩と長州藩が中心になり、商人から金をかき集めて起こしたもの」**である。

そして商人が大きな負担（損）をしたことは、前項で述べたとおりである。

では武士が得をしたのだろうか？

実は、**武士も得をしていない**。

というより、武士は商人よりも大きな損失を蒙っている。明治維新において、もっとも損をしたのは武士階級だといえるのだ。

ご存知のように明治新政府は、発足早々に「版籍奉還」と「廃藩置県」を行なった。これは、政権運営の財源を確保するためというのが最大の目的だった。

明治新政府は、戊辰戦争の勝利の結果、旧徳川領や、賊軍となった藩の領地を削ることなどにより、約860万石の直轄領を持った。しかし、それでも新国家建設の資金はまったく足りない。そのため、徳川家や、戊辰戦争で賊軍となった藩だけではなく、全国の諸藩に領地を返還させ、すべての藩を消滅させるという荒療治を行なったのである。

版籍奉還は、明治2（1869）年7月にまず薩長土肥の4藩主が連名で、「版籍奉還」の上表を朝廷に提出することから行なわれた。そして諸藩にも版籍奉還することを勧告した。官軍の中心であった4藩が、版籍奉還をしたのだから、他の藩も追随するしかなかった。

その2年後、廃藩置県が行なわれた。

「版籍奉還」では、諸藩は領地を奉還した後も、藩主がそのまま領主の地位である知藩事とされ、行政権、徴税権なども保持したままだった。

しかし、この「廃藩置県」により、藩はすべて消滅し、藩が持っていた行政権、徴税権もすべて中央政府に取り上げられたのである。つまり、藩主が持っていた特権はすべて消滅したのである。

あまりにも急に中央集権化すると、混乱することが予想されたので、段階的に行なわれたのである。

この「廃藩置県」により、270年続いていた各藩による封建制度は、一挙に解消され、中央集権国家が誕生したのである。

そして、次に武士の「秩禄《ちつろく》」が廃止された。

「廃藩置県」では藩主の特権がはく奪されたが、この秩禄の廃止により、武士階級全体の特権がはく奪されることになった。

江戸時代、武士は将軍や大名から俸禄をもらうことで生活を成り立たせていた。明治維新でも、その形式は受け継がれていた。すでに述べたように明治新政府は、「版籍奉還」「廃藩置県」により、徳川家や各藩主が持っていた領地（藩）を、国家に返納させた。

しかし、徳川家や各藩主が持っていた領地（藩）には武士が付随しており、この武士への俸禄はそのままになっていた。将軍や大名が幕臣や藩士に払っていた俸禄を、明治政府がまとめて秩禄という形で払い続けたのである。つまり、藩は廃止しても、武士への財政支出は残っていたのだ。

武士がもらっていた俸禄は、江戸時代の270年にわたって綿々と続いてきた**「既得権益」**である。武士にとって、俸禄をもらうことは当たり前のことであり、俸禄をもらうために先祖代々将軍や藩主に忠誠を尽くしてきたのである。その権利を簡単に手放せるものではない。そもそも武士というのは、他に収入を得る方策を持っていなかったのだから、俸禄がなければたちまち食っていけなくなる。

しかし明治新政府にとって、武士に払う「秩禄」は大きな負担となっていた。国家支出の3割にも上っていたのだ。

明治新政府は、きちんと教育を受けた新しい軍隊、新しい官僚組織をつくろうとしており、もう世襲の武士たちには用はない。何の用も足さない武士たちに対して、国家支出の3割も割く余裕はない。

そのため、タイミングを見計らって秩禄の廃止を行うことにしたのだ。

武士の秩禄は、明治維新時から段階的に縮小された。明治初期にはすでに上級武士ならば7割程度、中下級武士も3割から5割程度が削られていた。

そして明治9（1876）年、明治新政府はついに秩禄を廃止した。廃止する際には、一時金として、金禄公債（俸禄の5年～14年分）を武士に配布した。

「今後、秩禄は廃止する、10年分程度の金禄公債を与えるから、後は自分たちで何とかしろ」

ということである。

金禄公債を売って慣れない商売をはじめ、元も子もなくしてしまう、という武士も大勢いた。いわゆる「没落士族」による**「武家の商法」**である。彼らは、汁粉《しるこ》屋、団子屋、炭薪屋、古道具屋などを始めたが、ほとんどがうまく行かず、1年もつものは稀だったという。

また士族の多くは、新しい政府での官職を求めようとした。しかし新政府は、「能力のあるものしか採用しない」という建前をとっていた。欧米化、富国強兵化を目指していた新政府は、何の能力もない武士を役人として雇い入れる余裕はなかった。何らかの能力がなければ到底、官職にはつけなかった。

明治14年の帝国年鑑によると、旧武士のうち、明治政府で官職にありつけたものは全体16%に過ぎないという。

明治維新というのは、武士階級が**「外国の脅威から日本を守るため」**に起こした革命である。が、この革命において、もっとも失うものが多かったのも、武士階級なのである。

薩摩、長州も決して得はしていない

商人も損をして、武士も損をしたというのならば、では明治維新で得をしたものは誰だろうか？

一般的には、「薩摩藩と長州藩が得をした」と思われているようである。

が、実は決してそうとはいえない。

確かに、薩摩藩と長州藩は明治前半期には明治新政府の要職を占め、**「薩長閥」**と言われた。だから、得をしたように見える。が、それも帝国議会が開設され、選挙が実施されるようになると、その影響力は徐々に低下していった。

昨今、「明治維新では、薩摩、長州ばかりが得をし、旧幕府や東北諸藩の人々は煮え湯を飲まされた」というような主張をする歴史家も多い。しかし、世界の国々の歴史と、明治維新を比べたとき、この主張は決して妥当なものとは言えない。

戊辰戦争直後は、さすがに旧幕府や東北地方は差別待遇を受けた。が、これは、戦争に負けたのだから、ある程度は仕方がないといえる。というより、むしろ戦争に負けたにしては、非常に温情的な待遇をされたといえるのである。

明治以降、旧幕府の東北諸藩の人々は、政治的にも、経済的にも、原則として平等な権利が与えられた。

また明治新政府は、戊辰戦争で敵対した人間も、積極的に登用している。

たとえば、函館にこもり最後まで明治政府の抵抗した榎本武揚は、初代ロシア公使となっている。

榎本武揚は、明治8（1875）年、駐露特命全権大使として、ロシアとの間で「樺太・千島交換条約」の締結を行い、日本の外交史にその名を残している。榎本武揚以外にも、勝海舟、渋沢栄一、前島密、福沢諭吉など、明治時代に活躍した旧幕臣は枚挙にいとまがない。

これは政治家や高級軍人ばかりではない。

明治初期の官僚の3割程度は、旧幕臣で占められていたのである。また明治4（1871）年に欧米に派遣された岩倉使節団には、旧幕臣が14名もいたのだ。

さらに大正7（1918）年には、原敬《はらたかし》が首相となっている。

原敬は盛岡藩士族の生まれであり、いわば逆賊出身なのである。これは明治維新からわずか50年後のことである。

日本で、内閣総理大臣という職制がつくられたのが、明治18（1885）年なので、原敬はその32年後には、首相になっているのである。原敬は政治家として、地域差別はほとんど受けていなかったといえるだろう。

また公共投資においても、幕府のおひざ元だった東京を首都にするなど、旧幕府、東北地域を差別するようなことはなかった。東北地域は、全国で3番目に仙台に帝国大学が設立されたり、陸軍の師団が東京に次いで2番目に設置されるなど、むしろ優遇されていたとさえいえる。

明治新政府は、決して鹿児島や山口ばかりを優先的に開発するようなことはしなかった。現在、鹿児島や山口がさほど発展していないことを見れば、それは明らかである。


日本人は、これは特別なことだとは思っていないが、世界史的に見れば、稀有《けう》なことなのである。国内で内戦があった場合、負けた地域の人々は、その後長い間、差別されるのが常である。

たとえば、アメリカの南北戦争。

1861年に起きた南北戦争では、アメリカ南部地域（サウスカロライナ、フロリダ、アラバマ、ジョージア、ミシシッピ、ルイジアナ）が敗れた。

そのため、この地域は、**「敗戦国」**同様の扱いを受けたのだ。

戦争後、南部地域は、北軍によって10年もの間、占領統治された。

南軍の政治家や指揮官たちは、その職を解かれ、死ぬまで要職に就くことはなかった。また南軍の兵士など1万人から1万5千人が公職追放され、選挙権をはく奪された。

南北戦争の主戦場は南部であり、南部の鉄道、道路などのインフラは大きな被害を受けた。が、南北戦争後、合衆国政府は、南部の公共投資を後回しにしたために、南部の経済発展は大きく遅れた。南部のインフラが完全に回復したのは、第二次世界大戦期だったとさえいわれることもある。

南北戦争後の経済格差も大きく、1930年代、サウスイーストと呼ばれる南軍の主力となった地域の平均所得は、北部のミッドウェスト、ファーウェストと呼ばれる富裕地域の半分以下だった。

中央政治においても、南部は北部から差別されていた。

南北戦争後100年以上にわたって、南部から大統領は選出されなかったのである。南部で生まれた者が大統領になったケースはあるが、それは北部に移住した後、北部を基盤として立候補したものである。

南部を基盤とする純然たる南部出身者が大統領になるのは、1976年のジミー・カーターまで待たなければならない。**南北戦争終結から実に105年も後なのである。**

フランスの新聞雑誌ル・モンド・イリュストレに掲載された1877年の記事の挿絵「西郷隆盛とその将兵たち、西南戦争にて」西洋式の軍服を纏って椅子に腰掛ける中央の人物が西郷隆盛

これと比較した時、日本の敗軍地域に対する差別というのは、非常に軽いものだったといえるはずだ。

また薩長閥が明治新政府の要職に就けたといっても、それは薩摩藩、長州藩の中でもごく一部の人間である。薩摩藩士、長州藩士の多くが、いい目を見られたわけではない。

ほとんどの藩士たちは他の藩の武士と同じように、「秩禄」が取り上げられ、路頭に迷う者も大勢いた。

明治10（1887）年に起きた国内最大の内戦**「西南戦争」**も、そういう士族たちの不満が形になって表れたものでもあったのだ。

薩摩藩と長州藩の藩士たちは、命がけで明治維新を成し遂げたのに、その大半の者たちは、褒賞を得るどころか、これまで持っていた収入の途さえ奪われたのである。見方によっては、明治維新で一番損をしたのは、新政府に出仕できなかった薩摩藩、長州藩の一般藩士たちかもしれない。

実は一番得をしたのは「農民」だった

では、明治維新で誰が一番得をしたのか？

それは農民ということになるだろう。

明治維新では数々の経済改革が行われたが、その最大のものは「版籍奉還」「廃藩置県」である。

江戸時代、日本の土地の大半は、武家が支配していた。農民はその武家の領地を耕作し、年貢を納めなければならなかった。つまり、土地の所有者は武家であり、農民は耕作する権利を持ち、年貢やその他の税を治める義務を負っていたのだ。

が、「版籍奉還」「廃藩置県」により土地は武家（藩）のものから、国家（天皇）のものということになった。

国家はその返還された土地を、無償で農民に与えたのである。

よく知られているように、明治維新直後に、新政府は「地租改正」を行なった。戦国の日本教育では「地租改正とは、米で納めていた年貢を、お金で納めるようにしただけであり、農民の実質的な負担は変わらなかった」という低い評価がされてきた。中学校の教科書などでも、このように書かれている。

しかし、これは**大きな解釈誤り**である。

もし、地租改正で農民の負担が増えたのならば、生産意欲が減り、生産は減るはずである。しかし明治以降の日本の農業生産は、急拡大している。農業生産の増大は、農業技術の向上ということもあるが、最大の要因は、地租改正が農民のやる気を引き出したからなのである。

確かに地租改正では、これまで物納だった年貢をやめ、金銭による納税に変更された。しかし、これは単なる納税方法の変更ではなく、農民のインセンティブが非常に大きくなったのだ。

地租改正で定められた新たな税率は、土地代の3%だった。この土地代の3%というのは、収穫米の平均代価の34%程度に設定されていた。これは江戸時代の年貢と同等か、若干低い程度の負担率だった。

江戸時代の年貢では、収穫高に応じて年貢率が定められたので、収穫があがってもその分だけ年貢が増えた。つまり「頑張って生産を増やしても、年貢で取られるだけ」という状態にあったのだ。

しかし地租改正は、収穫高に応じて税額が決められるのではなく、あらかじめ決まった額の税金を納めるだけで済んだ。だから、農民としては頑張って収穫を増やせば、増やし分は自分の取り分になるということだった。そのため勤労意欲がわくことになり、生産量が増加したのだ。

そして、戦後の日本教育では、なぜかまったく顧みられることがないことだが、明治維新では、**日本全国の農民たちに、農地の所有権を与えている**のである。

明治5（1872）年6月、地券の交付壬申地券《じんしんちけん》と呼ばれる土地の権利証を発行し、近代的な所有権を確立させた。これで、農民は耕作地の所有権を手にし、その耕作地の売買も自由になったのだ。つまり農民は、以前、藩のものだった農地を、自分のものとすることができたのである。

また農民たちは、これまで禁じられていた「移動の自由」「職業の自由」も与えられた。

そのため農民たちは、その農地でそのまま農業を続けてもいいし、売買することもできた。

明治維新と言うのは、別の角度から見れば非常に大規模な**「農地解放」**だったのである。

農地解放というと、戦後の農地解放のことをイメージする人が多いだろう。しかし、戦後の農地解放というのは、実はそれほど大規模なものではない。当時の小作地は全農地の46％に過ぎず、小作農（耕作地の半分以上が小作地）も農民の半分以下だったのである。その46％の小作地を小作人に分け与えただけのものであり、日本の全農地を分け与えた明治維新時と比べるとはるかに規模が小さいのだ。

戦後教育の中では、ことさら戦後の農地改革が素晴らしいことのように教えられてきたが、それはＧＨＱの手前味噌《てまえみそ》的な話であり、実は明治新政府のほうが、もっとダイナミックで民主的な改革をしていたのである。

農民としては、これまで持っていなかった土地の所有権を、無料でもらえたのだから**「丸儲け」**である。

そして、この農民の丸儲けは、武士の犠牲の上になされたものなのである。

自分の土地と仕事の自由を与えられた農民たちは、当然のことながら、勤労意欲が増進した。

明治6（1873）年と明治45（1912）年を比べると、米の収穫量で2倍以上の増収となっている。明治維新と言うと商工業の発展ばかりが取りざたされるが、農業も大発展しているのである。農業が発展したからこそ、富国強兵が成し遂げられたのだ。

つまり明治維新でもっとも損をしたのは、江戸時代、大きな既得権を持っていた武士階級であり、大商人たちだった。そして、もっとも得をしたのは、国民の大半を占める農民だったのだ。

明治維新が成功し、明治日本が急速に発展したのは、ここに大きな理由があると思われる。明治維新は、薩長を中心とした武士階級によって起こされたものだが、その武士階級たちが自ら既得権益を手放し、国民に各種の自由と権利を与え、社会を近代化させようとした。

だからこそ国民の多くは新政府が実施した急激な社会の変化を受け入れ、日本の近代化に団結して取り組んだと思われるのだ。

おわりに

既得権益を捨てたから発展があった

今年（2018）は、明治維新150周年である。

様々な記念行事が催され、明治の元勲たちの偉業に学ぼうという機運が巻き起こっている。

安倍晋三首相をはじめ各界の要人たちも**「明治維新の精神を取り戻そう」**などと語ることがたびたびある。

この機運について、筆者は水を差すつもりは毛頭ない。

が、「明治維新の精神を取り戻す」というのであれば、根本の精神を今一度、確認してもらいたいと思っている。

明治維新というのは、西洋諸国で起きた「市民革命」とはまったく違う。

西洋の市民革命は、圧政に耐えかねた市民たちが自由を求めて起こした革命である。

が、明治維新というのは、支配階級であった武士たちが中心になって、国家を変革させたものである。

そして明治維新のもっとも特徴的なことは、**「江戸時代に特権階級であった武士たちが、自らその特権を捨てた」**という点である。

もちろん明治維新において、もっとも損をしたのは武士階級だった。しかし、武士たちが巨大な既得権益を手放したからこそ、明治日本は急激な経済発展をし、世界の先進国に素早く名乗りをあげることができたのだ。

巨大な既得権益を持っていた者たちが自らそれを手放すということは、世界史的に見ても非常にまれなことである。

「特権を捨てる」明治維新の偉大さというのは、そこにあると筆者は思っている。

現在の日本は、江戸時代以上に既得権益にまみれている。

政界、官界、財界等、あらゆる分野で既得権益がはびこっている。特権を持つもの、コネクションを持つものだけがいい思いをし、それ以外の人たちは、厳しい生活を強いられている。

日本人は世界一といってもいいほどの勤勉さで、世界に冠たる経済大国をつくりあげてきた。世界第3位の経済大国であり、国民1人当たりの外貨準備高は、ダントツの世界一である。実質的には、世界一の経済大国といってもいい。にもかかわらずフルタイムで働いても、妻子をまともに養うことすらできない状況の人が急増している。

それは、一部の人たちだけが大きな権益を握り、日本の富を国民全体に行き渡らせることを拒むようになったからである。日本経済は一見、自由に見えるが、様々な規制が敷かれて各所の権益が守られている。その上、本来、強く規制して守られるべき労働者の待遇などは、先進諸国で最悪なのである。

安倍首相をはじめ、各界の要人たちに訴えたいのは、「もし明治維新の精神に戻るというのなら、あなた方の持っている既得権益を手放して、国民全体に開放しなさい」ということである。

そうすれば今の日本に蔓延している閉塞感などは、一瞬で消滅するはずである。

最後に、本書の制作に尽力いただいた皆様にこの場をお借りして御礼を申し上げます。

２０１８年初頭

著者

参考文献一覧

『萩藩財政史の研究』　田中誠二著　塙書房
『荻藩の財政と撫育制度』　三坂圭治著　マツノ書店
『日本貨幣図鑑』　郡司勇夫編　東洋経済新報社
三田学会　雑誌1980年6月号「江戸後期の貨幣と物価に関する断章」　新保博著　慶應義塾経済学会
『鹿児島藩の砂糖専売』　土屋喬雄著　鹿児島県立図書館所蔵
『日本古銭贋造史』　瓜生有伸著　天保堂
『天保銭の鑑定と分類』　瓜生有伸著　天保通宝研究会
『日本の貨幣の歴史』　滝沢武雄著　吉川弘文館
『江戸幕府財政の研究』　飯島千秋著　吉川弘文館
『鎖国と藩貿易』　上原兼善著　八重岳書房
『偽金づくりと明治維新』　徳永和喜著　新人物往来社
『日本経済史』　近世―現代　杉山伸也著　岩波書店
『日本経済史』　永原慶二著　岩波書店
『日本経済の200年』　西川俊作著　日本評論社
『東アジア近現代通史　1～5』　岩波書店
『解難録・建言書類』　勝海舟　原書房
『両から円へ』　山本有造著　ミネルヴァ書房
『日本産業史1』　有沢広巳監修　日本経済新聞社
『金・銀・銅の日本史』　村上隆著　岩波書店

『お江戸の経済事情』　小沢詠美子著　東京堂出版
『明治前期財政史』　坂入長太郎著　酒井書店
『明治財政の基礎的研究』　沢田章著　柏書房
『秩禄処分』　落合弘樹著　中公新書
『廃藩置県』　松尾正人著　中公新書
『地租改正法の起源』　丹羽邦男著　ミネルヴァ書房
『日本産業史1』　有沢広巳監修　日本経済新聞社
『外貨を稼いだ男たち』　小島秀俊著　朝日新書
『明治百年の農業史・年表』　川崎甫著　近代農業社
『日本農業史』　木村茂光編　吉川弘文館
『渋沢栄一・雨夜譚』　渋沢栄一著　日本図書センター
『伊藤博文　上下巻』　豊田穣著　講談社
『幕末維新の経済人』　坂本藤良著　中央公論社
『小栗上野介の生涯』　坂本藤良著　講談社
『幕末の武家　柴田宵曲編』　青蛙選書
『坂本龍馬全集』　坂本龍馬著　宮地佐一郎編　光風社出版
『坂本龍馬海援隊始末記』　平尾道雄著　中央公論社
『坂本龍馬のすべて』　平尾道雄編　新人物往来社
『坂本龍馬（復刻版）』　千頭清臣著　新人物往来社
『維新土佐勤王史』　瑞山会編　日本図書センター
『防長回天史』　末松謙澄著　柏書房

『中岡慎太郎』　平尾道雄著　自竜社
『陸奥宗光』　岡崎久彦著　ＰＨＰ研究所
『岩崎弥太郎伝』　岩崎家伝記刊行会編　東京大学出版会
『岩崎弥太郎日記』　岩崎弥太郎岩崎弥之助伝記編纂会
『近世庶民生活史料藤岡屋日記』　須藤由蔵書　三一書房
『海援隊遺文』　山田一郎著　新潮社
『土佐維新回顧録』　平尾道雄著　高知新聞社
『皆山集』　平尾道雄編　高知県立図書館
『佐佐木老侯昔日談』　佐佐木高行著　東京大学出版会
『保古飛呂比』　佐佐木高行著　東京大学出版会
『井上伯伝』　中原邦平著　マツノ書店
『明治聖上と臣高行』　津田茂麿著　原書房
『長州戦争』　野口武彦著　中公新書
『ジョン万次郎のすべて』　永国淳哉編
『勝海舟全集』　勝海舟著　講談社
『由利公正のすべて』　三上一夫、舟澤茂樹編　新人物往来社
『開国と幕末の動乱』　井上勲編　吉川弘文館
『戊辰戦争』　保谷徹著　吉川弘文館

執筆協力／竹下倫一・武田知弘

［略歴］

大村大次郎（おおむら・おおじろう）
大阪府出身。元国税調査官。国税局で10年間、主に法人税担当調査官として勤務し、退職後、経営コンサルタント、フリーライターとなる。執筆、ラジオ出演、フジテレビ「マルサ‼」の監修など幅広く活躍中。主な著書に『アメリカは世界の平和を許さない』『99％の会社も社員も得をする給料革命』『世界が喰いつくす日本経済』『ブッダはダメ人間だった』『「見えない」税金の恐怖』『完全図解版　あらゆる領収書は経費で落とせる』『税金を払う奴はバカ！』（以上、ビジネス社）、『「金持ち社長」に学ぶ禁断の蓄財術』『あらゆる領収書は経費で落とせる』『税務署員だけのヒミツの節税術』（以上、中公新書ラクレ）、『税務署が嫌がる「税金0円」の裏ワザ』（双葉新書）、『無税生活』（ベスト新書）、『決算書の９割は嘘である』（幻冬舎新書）、『税金の抜け穴』（角川 one テーマ21）など多数。

写真提供／近現代フォトライブラリー

お金で読み解く明治維新

2018年３月20日　　　第１刷発行

著　者　大村 大次郎
発行者　唐津 隆
発行所　株式会社ビジネス社
〒162-0805　東京都新宿区矢来町114番地 神楽坂高橋ビル5F
電話　03(5227)1602　FAX　03(5227)1603
http://www.business-sha.co.jp

〈カバーデザイン〉金子眞枝
〈本文組版〉茂呂田剛（エムアンドケイ）
〈印刷・製本〉中央精版印刷株式会社
〈編集担当〉本田朋子　〈営業担当〉山口健志

ISBN978-4-8284-2015-8

大村大次郎の本

税金を払う奴はバカ！

搾取され続けている日本人に告ぐ

定価　本体1000円＋税

ISBN978-4-8284-1758-5

脱税ギリギリ!?

元国税調査官が教えるサラリーマン、中小企業主、相続人のマル秘節税対策！
こんな国には税金を払わなくていい！

これは官僚によるタックス・テロだ！「見えない」税金の恐怖

定価　本体1000円

ISBN978-4-8284-1949-7

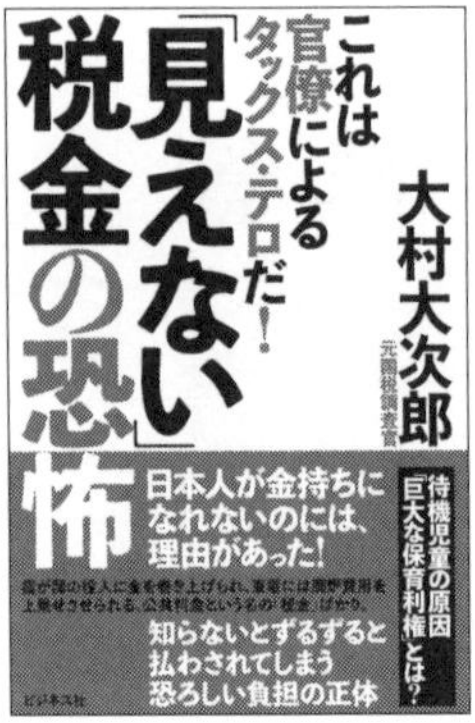

日本人が金持ちになれないのには、理由があった。霞が関の役人に金を巻き上げられ、東電には廃炉費用を上乗せさせられる、公共料金という名の「税金」ばかり。こんな日本にだれがした!?

完全図解版 あらゆる領収書は経費で落とせる

経費と領収書のカラクリ最新版！

定価　本体1200円＋税

ISBN978-4-8284-1801-8

元国税調査官が明かす超実践的会計テクニック。車も家もテレビも会社に買ってもらえる!?　中小企業経営者、個人事業主は押さえておきたい経理部も知らない経費と領収書の秘密をわかりやすく解説。

元国税調査官が明かす【最強の財テク術】得する確定拠出年金

定価　本体1000円＋税

ISBN978-4-8284-1914-5

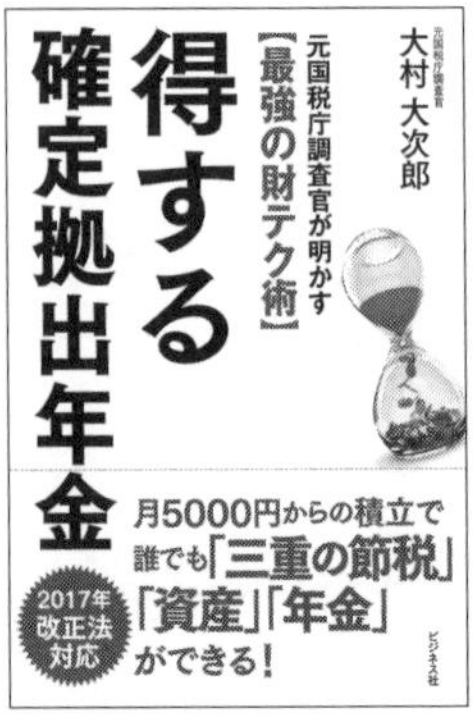

月5000円からの積立で誰でも「三重の節税」「資産」「年金」ができる！

最大のメリットは、かつてないほど節税効果が高いこと。初めて投資をする人が確定拠出型年金を賢く利用して、納税リスクを減らすための手引書としての一冊。

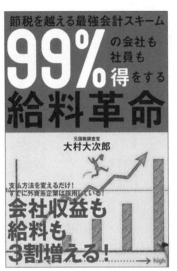